王肃易学研究

刘 敏 著

华龄出版社
HUALING PRESS

责任编辑： 薛　治
责任印制： 李未圻

图书在版编目（CIP）数据

王肃易学研究 / 刘敏著 . -- 北京 : 华龄出版社，2021.6

ISBN 978-7-5169-1661-2

Ⅰ . ①王… Ⅱ . ①刘… Ⅲ . ①王肃（195-256）—思想评论②《周易》—研究 Ⅳ . ① B235.9 ② B221.5

中国版本图书馆 CIP 数据核字（2021）第 098488 号

书　　名： 王肃易学研究
作　　者： 刘　敏　著

出版发行： 华龄出版社
地　　址： 北京市东城区安定门外大街甲 57 号　**邮　　编：** 100011
电　　话：（010）58122246　**传　　真：**（010）84049572
网　　址： http://www.hualingpress.com

印　　刷： 武汉市籍缘印刷厂
版　　次： 2021 年 6 月第 1 版　2021 年 6 月第 1 次印刷
开　　本： 710mm × 1000mm　1/16　**印　　张：** 9.5
字　　数： 200 千字
定　　价： 58.00 元

前　言

王肃的学术成就显著，继郑玄之后，他是唯一能与之抗衡的一代大儒。但因作伪书，被历代文人所鄙弃。他遍注群经，却因与郑玄论争，被认为伪作古书，曲传私说，故遭到学者的轻薄，以致后人很少知道王肃其人其学。虽然王肃作伪，令人颇有微辞，但其注经，亦有可观之处。本文将对王肃易学作深入研究，以期彰其暗者，扬其明者，显其谬者，进而还原王肃易学的本来面目。本文通过八章，来阐释王肃易学。

第一章绪论，综述王肃易学的研究成果及现状，阐明王肃易学研究的不足及必要性。

第二章主要简述王肃生活的社会背景，按照"知人论世"的原则，对其生活的时代进行审视，分三节从政治、经济、学术的角度对王肃的生活背景进行了概述，把历史人物还原到历史中加以辩证认识。

第三章简述王肃的生平事迹。第一节主要概述了王肃家世，通过家世的叙述，可见王肃家学渊源深厚。第二节梳理了王肃仕途经历，通过这些经历，可见其在当时的社会地位和历史影响。通过叙述王肃后裔的情况，从中可以窥见一些对王肃偏见的渊源。

第四章阐述王肃学术渊源和著述。第一节通过史书记载，探究其学术渊源。王肃除了有深厚的家学传统外，易学上还深受宋忠、马融、王充、扬雄等的影响。其中王肃继承王朗《易传》成果是理所当然的，此外宋忠对王肃治学思路和治学方法都有重要影响；王肃更是继承了马融的许多易学成果，在其《易注》中有许多注释，都是王肃直接沿用马融之说；王充和扬雄与王肃虽然不存在直接的师徒关系，但是王肃通过阅读《论衡》和注解《太玄》确实受到了启发和影响，因此，本文也将二人视为王肃学术渊源之一。第二节论述了王肃著述。王肃的著述宏富，据刘汝霖的《汉晋学术编年》王肃著述表统计，他注释经典达三十余种，共二百八十多卷。据《全上古三代秦汉三国六朝文》中所载的奏疏、议论等方面的文章，可见王肃学术功底之深。由于王肃《易注》在南宋时期已经亡佚，故笔者在此简述了王肃《易注》的流传和辑佚情况，对后代的几种辑佚本进行了简要的比较。

第五章分析王肃的释易方法。第一节主要是分析王肃训诂释易的方法。从以下几方面进行论述，即以《易传》训诂材料注《易》，多引用《尔雅》《说文》等现成的训诂资料注释《周易》经传字义，从音韵学角度注释《周易》，根据意义、易例或参照诸本，校正补订。通过这几方面的论述，认识到以训诂释易是王肃易学的重要组成部分，这种方法对于王肃易学发展和流传产生深远的影响，其校勘考订不乏独到之处，值得肯定。第二节分析王肃以传解经，重义理轻象数，不废互体的治易方法。关于以传解经的方法又分两点进行论述，即以易解易、事理说易两个方面。王肃注易除了重视义理外，没有尽废象数，他也讲象数，多以本象来说本卦，并继承了前代的互体说。本章对此有详细论证。第三节分析王肃以爻位释易的方法。王肃运用到的易例主要包括：得位、失位说，中，应，乘，承，据，处，出等。从现存的易学典籍看，以易例注《易》，是很多易学家采用的方法之一，京房、马融、荀爽、虞翻、郑玄等皆使用过爻位注《易》，可见，王肃治易，多继承前代研究成果，并非特别好立异。第四节分析王肃以礼释易和以史释易的方法。以礼注易，主要体现在婚姻之礼、君臣长幼之礼等方面，王肃以礼注易，当归于他对“三礼”的深入研究。肃“善贾、马之学”，而贾逵和马融皆治礼学，此为肃礼学的渊源。以史注易，是以史学的方法为工具，立足于《周易》作者所处的历史背景，运用当时或以前的社会生产和生活常识及发生的重大历史事件，推断《周易》的成书及作者，探讨《周易》固有的内涵和意义。在其《易注》中涉及爻辞的作者，河图、洛书等问题。

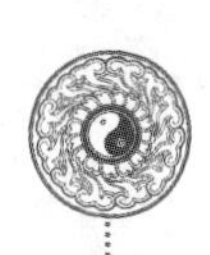

第六章王肃的易学思想，主要分为三节加以阐述。第一节自然无为之天道观，王肃发展了儒家传统的天道观，将道家的自然无为理念引入其《易注》，将天道视为无意识的自然天道。这种思想在其《孔子家语》中亦有鲜明的体现。探究其根源，王肃在很大程度上是继承了扬雄的思想。第二节阴阳变化之天道的法则。王肃重视阴阳变化，崇尚变通，不仅强调要关注阴阳对立的两个方面，还认识到物极必反、穷极则变等规律，主张适时变通。第三节从天道推及君臣之人道。在《易注》中体现的人道观主要是王肃的政治观。在君臣关系中，王肃主张君臣之间，君若无能，臣可养贤自立；在上者无能，在下者不仅可以养贤自立，还可以代君行事，有所作为。即为“天子当乾，诸侯用震”的思想。从阶级本性上看，王肃的这些思想符合门阀世族阶级，王肃作为世族中的一员，自然要为本阶级代言，在思想和理论上支持门阀世族，论证门阀世族的合法性，巩固贵族政权统治基础。

第七章简述郑王之争，共分为二节加以阐述。第一节概述了郑、王之争的主要表现和对当时学术的影响。同时挖掘其原因，除了政治因素，笔者还从价值观念、学术潮流、历史阶级因素、文化史等角度进行了探讨。第二节比较马融、郑玄、王肃的《易注》异同，通过三家比较，笔者认为王肃在易学上对马、郑易学有较多继承，王肃与郑玄的争论，更侧重于三礼方面，易学上的继承特点较为明显。

第八章王肃的易学影响，共分四节加以阐述。第一节阐明象数和义理的内涵，以此表明王肃易学在易学史由象数向义理的过渡过程中发挥的重要作用。第二节重点论述了在汉魏之际，王肃继承费直、宋忠等人古文易学的学术传统，摒弃了汉代易学的谶纬成分，注重以传解经，重义理轻象数，同时不废互体。对于易学研究从两汉“象数易”到魏晋“义理易”的转变起到了推波助澜的重要作用，上承两汉古文易学，下启晋代王弼义理易学，是易学从象数发展到义理的重要过渡。第三节讲王肃对王弼易学的影响。由于王肃与王弼同出于荆州学派，虽然王弼和王肃没有直接的师承关系，但是从二人的易学著作来看，王弼的治学思路和治学方法明显继承了王肃的成果。即在以儒道兼治思想来研究经学；反繁琐，重义理，轻象数的治易方法王弼对王肃易学有一定的继承和发展。本章将王肃与王弼《易注》进行了比较，发现王弼《周易注》中的许多观点同王肃之说是一致或相近的。第四节讲王肃对唐宋易学家的影响。到了唐代，孔颖达的《周易正义》专注于义理的发挥，阐发义理之时，往往引用王肃之说以证其言。逮至宋代，理学兴起，程颐、朱熹以性命之理来诠释《周易》，在《程氏易传》和《周易本义》中亦有采用王肃之说处。由此可见王肃《易注》在义理方面对后世易学的发展是有一定影响的。

总之，通过对王肃易学的深入细致的研究，可以发现王肃易学的重要价值和影响。在易学史上，王肃是重要的由象数易到义理易的过渡人物，尽管其《周易注》已亡佚，并且清代有些学者对王肃亦有菲薄之词，更由于其造伪书事件，多被学者所不屑，但是我们不能因为这些不足之处，而无视其著述的闪光之处，不能因为瑕疵，而抛弃其整个学术成果。就易学而言，其《周易注》中有些注释，仍有可取之处，值得后人考证肯定。

目 录

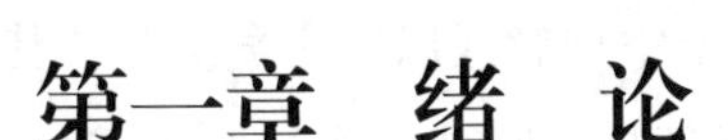

第一章 绪论

王肃是东汉后期著名的经学大师，他学识渊博，兼通今古，是继郑玄之后又一位通儒。十八岁师从荆州学派的宋忠读《太玄经》，已别有创见。其《三国志》本传云："肃善贾、马之学，而不好郑氏，采会异同，为《尚书》《诗》《论语》《三礼》《左氏》解，及撰定父朗所作《易传》，皆列于学官。"在当时的学术界影响很大，魏高贵乡公（曹髦）甘露元年（256）卒，门生缞经者竟达百数。《隋书·经籍志》著录王肃著作二十余种一百九十卷，但均亡佚。后据刘汝霖的《汉晋学术编年》王肃著述表统计，他注释经典达三十余种，共二百八十多卷。此外其所论驳朝廷典制、郊祀、宗庙、丧纪轻重者达百余篇，当时集《圣证论》以礼学对抗郑玄，形成与"郑学"相对峙的"王学"，影响很大。

关于王肃的易学，古今观点不一。一、关于王肃易学与郑玄、王弼易学的关系问题，南朝著名学者陆澄曾说："王肃易，当以在（郑）玄（王）弼之间"。认为王肃是象数易到义理易的过渡。而清代孙堂指出："《北史·儒林传》称：'郑玄《易》大行河北，王肃《易》亦间行焉，河南儒生讲王辅嗣所注，师训盖寡。'由斯而言，肃虽不好郑氏，而其《易》学固异于辅嗣，而不远于郑氏也。"（《汉魏二十一家易注》）认为王肃还是继承郑玄的成果较多。关于王肃与郑玄、王肃与王弼之间的关系本书将在第六章和第七章进行论述。二、关于王肃的易学价值问题，清张惠言《易义别录》认为："肃著书，务排郑氏，其托于贾、马以抑郑而已。故于《易》义，马、郑不同者从马，马与郑同则背马。”又谓：“然其训诂大义则出于马、郑者十七。盖《易注》本其父王朗所为，肃更撰定，疑其出于马、郑者朗之学也，其掊击马、郑者肃之学也。”认为王肃易学没有自己的特色，沿袭他人的成果。但黄寿祺在《易学群书评议》中却认为王肃注《易》：“皆本象以立说，且不废互体，与《左传》合，较辅嗣之扫象废互、只演空理者区以别之矣。”“其义往往胜于各家，不独足资考订已也。”其易学还是有值得称道之处的，关于此点，本书将在第四章、第五章两章详细论述。三、关于王肃的学术价值，清代今文大师皮锡瑞在《经学历史》中曾大骂王肃为：“两汉经学极盛，而前汉末出一刘歆，后汉末生一王肃，为经学之大蠹”。皮氏主要还是站在道德层面上进行评价的，因为造伪书事件，王肃历来受学者的轻薄，笔者认为对一位学者的评价应该放到纯学术的视野下给予关照，还原学术的自身价值，所以对王肃的经学我们应该辩证地看待。关于王肃的《周易注》，吴承仕在《经典释文序录疏证》指出：“（王肃）《注》十卷，隋、唐志同。《崇文总目》十一卷，乃后人聚敛而成，非肃本书。王应麟曰：‘今不传。’”所以要研究王肃易学只能看后人的辑佚本，主要有清代臧庸辑《马王易义》一卷，《问经堂丛书》本；孙堂辑《王肃周易注》一卷，《汉魏二十一家易注》本；马国翰辑《周易王氏注》二卷，《周易王氏音》一卷，《玉函山房辑佚书》本；黄奭辑《王肃易注》一卷，《汉学堂丛书》本。

迄今为止，已有部分学者在易学通史，文化史，学术通史等著作中对王肃及其易学有所研究，并取得了一定的成果。如张惠言的《易义别录》分析了王肃易学的渊源，认为：“肃著书，务排郑氏，其托于贾、马以抑郑而已。故于《易》义，马、郑不同者从马，马与郑同则背马。”这一观点抹杀了王肃易学自身的独特之处，评价有偏颇；朱伯崑的《易学哲学史》认为王肃易学对于易学玄学化，产生了一定的影响，并指出王肃“继承了费氏易的传统，注重义理，以《易传》的观点解释经文，排斥今文经学派和《易纬》解易的学风，不讲互体，卦气，卦变，纳甲等，”概括了王肃易学的基本特征，但是认为王肃“不讲互体”的观点却是不科学的；黄寿祺在《易学群书评议》中已经指明王肃注《易》“皆本象以立说，且不废互体，与《左传》合，较辅嗣之

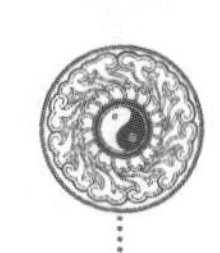

扫象废互、只演空理者区以别之矣”，笔者在后面亦证明此点；张立文主编的《中国学术通史》（魏晋南北朝卷）不仅总结了王肃经学的兴起，还对著名的郑、王之争进行了概述。

在论文方面，近几年也出现了可喜的成果，如乐胜奎的《王肃易学刍议》（《周易研究》2002 年第 4 期）、《王肃礼学初探》（《孔子研究》2004 年第 1 期），郝虹的《王肃〈周易注〉、王弼〈周易注〉与荆州学派关系初探》（《大连大学学报》2003 年 2 月）、《王肃反郑是经今古文融合的继续》（《孔子研究》2003 年第 3 期），任怀国的《试论王肃的经学贡献》（《管子学刊》2005 年第 1 期）等。从这些论文中，我们可以看到对于王肃的研究已经有所深入。乐胜奎较深入地探讨了王肃易学、礼学在中国经学史上的地位和价值；郝虹探讨了郑、王之争的历史意义及王肃易学的来源问题；任怀国综述了王肃的经学贡献，这些都有益于我们今后的研究。

需要特别指明的是，台湾学者李振兴著有《王肃之经学》对王肃学术进行了全面研究，取得了重要成果，为我们进一步研究王肃经学奠定了很好的基础。李振兴先生学习乾嘉学派的治学精神，对王肃的经学从学术源流，佚文考释，马（融）、郑（玄）、王（肃）三者比较等方面作了细致的考证。本文也参考了李先生的一些研究成果，由于李先生详于考证，疏于思辨，对王肃的易学思想、易学特点涉及的不多，所以本文在此基础上对王肃易学作了进一步的研究。

目前学术界对王肃的易学研究仍有不足之处，上述著作或论文，或者是按易学史、学术史的线索分专题进行，对王肃易学的论述未能展开；或者在探讨王肃经学时，只涉及其易学的一两点而并不全面；即使专门论述王肃易学亦是偏于考证，而对其思想没有进行深刻的挖掘，所以未能正确、全面地展现王肃易学的全貌，也未能正确、公允地评价其易学的历史地位，因此对于王肃易学值得作进一步的研究。

本着“知人论世”的态度，本书试图在尽量翔实地搜集资料的基础上，对王肃的生平事迹、学术经历也作一定的阐述。以此探究王肃的学术渊源，从而探讨其治易方法和易学思想的特点，从学术渊源上寻找王肃异于马融、郑玄等的原因。王肃与马融、郑玄有着特殊的关系，王肃和郑玄都是马融的学生，那么郑玄应是王肃的诤友，从学术渊源上说二人本是同门，但是当时反对郑玄最激烈的恰恰是这位同门师弟，这就使得郑、王之争颇具有戏剧性，也更具有思考价值。本书通过对易学上的郑、王之争的论述，比较分析马融、郑玄、王肃易学上的异同，归纳出王肃、郑玄是否如前人认为的那样针锋相对，给予王肃治易以公平的评价并对其治学作深层思考。王肃是魏晋时期继郑玄之后的又一位经学大师，贯通经今古文，遍注群经，是当时唯一可与郑玄抗衡的通儒。他注的《尚书》《诗》《论语》《三礼》《左氏》解，及撰定父朗所作《易传》，皆列于学官，打破了郑玄在学术界一统天下的局面，为经学的复兴作出了贡献，更促进了学术的发展，对后来的易学玄学化起了一定的引导作用。他治易力排象数、注重义理的解易方法对后来的王弼产生了很大的影响，促进了易学的发展，通过研究其易学上的影响，来阐明其易学价值，引起人们对王肃学术的重视。总之选择王肃及其易学作为研究课题有重要的意义。

王肃的《周易注》已亡佚，要研究王肃易学，只能根据后人的辑佚本。由于无法看到王肃《周易注》的完整版本，所以要想全面、准确地把握王肃的易学思想，正确地评价其易学地位就有一定的难度，且前人对王肃易学已有一定的研究成果，要想突破现有的研究水平，也有一定的难度，必须在研究方法、角度和思路上有所开拓。由于笔者能力有限，只能尽己所能，彰其暗，扬其明，显其谬，尽力还原王肃易学的本来面目，发表个人的一点拙见。

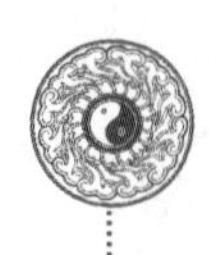

第二章 社会背景

第一节 动荡不安到曹魏的短暂统一

王肃是三国曹魏时期的政治家、经学家，他生活的年代正是由东汉末年的社会动乱到曹魏短暂统一北方的一段时期。这段时期，整体而言是一个充满战争和灾难的黑暗时期，是一个由汉王朝的大统一走向大分裂和大倒退的时期。

东汉末年战乱不已，由于自东汉中叶以来的政治腐败，至东汉末年，政治昏庸，宦官、外戚轮流把持朝政，封建专制政权面临巨大危机。再加上多年的自然灾害，使得农村经济遭到极大破坏，政府收入锐减，农民大量流离失所，人民无法生存下去，于是不断爆发起义。长期的战乱，人口逃亡流散，土地荒芜，生产遭到严重破坏。在战乱中，地主豪强趁机收集流亡百姓，形成一个个强大的地方割据势力。直到官渡之战曹操统一北方，又经过赤壁之战，形成魏、蜀、吴鼎立的局面，国家才算有了相对稳定的政局。

统一北方之后的曹氏父子施行了一些稳固政局的措施。首先是打击豪强士族。早在官渡之战前，曹操为了解决军粮问题，就实行了恢复生产、供给军粮的屯田制。但是屯田制的施行却与豪强士族有了经济冲突，因为经过大规模人口流徙之后，曹操用军事的力量来推行屯田制，这样原来的地主和农民必然丧失对土地的所有权，而政府的公田数目就无限度地增多，豪强士族兼并的土地则势必减少，豪强士族必然对这一政策有抵触情绪。为了摧抑豪强士族的反抗，巩固自己的新政权，曹操对士家大族进行严厉打击，先后杀害孔融、许攸、杨修等人。其次是扩大用人标准，多次颁布“唯才是举”的诏令。这样一方面打击了士族们不合作的傲气，另一方面又巩固了自己的政权。

整个曹魏政权，表面上看起来相对稳定，但这种相对的稳定统一背后却蕴含着矛盾和斗争。曹丕在位的七年，一直试图完成曹操统一全国的愿望，因此在黄初年间两次兴兵伐吴，结果均是兵败而归，最后曹丕不得不接受三足鼎立的事实。曹丕死后，曹睿继位，这是曹魏王朝的全盛时期。对外抵御住了西蜀、东吴的进攻，击败并斩杀公孙渊父子吞并了辽东的广大地区，巩固了北方边境。对内虽然曹睿在位期间大兴土木，圈占农田，引起百姓的哀声怨气，但他始终掌握着国家大权，政由己出，大权并没有旁落。公元239年，曹睿病死，年仅八岁的养子曹芳继位称帝，大将军曹爽、太尉司马懿辅政。由于皇帝年幼，曹爽、司马氏展开了争权斗争，这场斗争不仅是曹氏和司马氏之间的争权夺利，也是皇权和地主豪强之间的斗争。一部分依附皇权的地主豪强和另一部分与皇权对立的地主豪强也卷入了纷争之中，结成不同的政治集团。正始十年（公元249年）司马懿发动政变。他趁皇帝曹芳和曹爽离开洛阳去祭扫高平陵（魏明帝曹睿墓）时，控制洛阳，迫使永宁宫太后郭氏下令免除曹爽兄弟的职位，并关闭洛阳城各城门，要求曹芳黜免曹爽兄弟的职位。这样曹爽集团最终以“阴谋反逆”的罪名被纷纷处死，国家政权落入司马氏手中，曹魏政权败亡，新的西晋王朝出现。

第二节　经济的渐趋恢复到门阀经济的发展

东汉末年，地主豪强兼并土地的问题日益严重，地主阶级的广占田地和农民的少田缺地，形成了鲜明的对比，加上赋捐杂税剥削的加重，老百姓即使稍有衣粮也是“寒不敢衣，饥不敢食”[①]。连年的自然灾害，以及东汉时多

① （南朝宋）范晔：《后汉书》卷七十八《吕强传》，中华书局，1965年，第2529页。

年用兵镇压羌族的反抗，导致国库空虚，东汉末年形成了“三空之厄”的现象，即“田野空，朝廷空，仓库空”[①]。社会经济处于崩溃的边缘。为了巩固新生政权，建安元年（公元196年）曹操用枣祗、韩浩等建议，实行屯田制，利用镇压黄巾起义所得的农用物资和大量的起义俘虏，开垦官田和荒田，把流移反抗的人民固定在土地上从事农业生产，让农民再次和土地结合在一起，这样既解决了流民与荒地的问题，也安定了社会，缓和了阶级矛盾，调整了生产关系，抑制了豪强地主对土地的兼并，使得北方的社会经济得到一定程度的恢复。中原地区自公元196年开始屯田，到公元280年实行占田前后八十余年，农村经济逐渐恢复。除了实行屯田制，政府还招回流亡的人口，分给他们无主的荒地，并“置使者监卖，以其值益市犁、牛，若有归民，以供给之”[②]。流亡的百姓思念故土，政府顺应民意，积极给予扶持，小农经济有所恢复和发展。这样，曹魏时期北方经济得到了一定的恢复和发展。

中原经济的恢复，除了屯田制和小农经济的恢复和发展外，与门阀士族经济的发展有很大关系。自西汉以来，豪强地主兼并土地的现象已很严重，这些豪强地主政治上世代为官，经济上巧取豪、夺恃强凌弱，占有大量土地。从东汉末年大混乱开始，豪强地主为了保护自己的生命财产，不得不筑碉堡坞壁，聚集流亡的人口，建立起强大的私人组织——部曲。他们把流民编成部曲，战时是私人武装，和平时则是劳动生产力，而这些人对主人是私属家仆，在州郡户籍上无独立的籍贯，对国家无课税，地位上只在奴婢之上。后来门阀经济越来越强，以致影响到政府的财政收入。因为政府实行田租户调制，即收田租亩粟四升，户绢二匹，绵二斤，舍去丁税。但人民为了逃避课税，设法尽量减少户的单位，这样就使每户下的人口尽量增多，这样家庭亲属间的关系也就日益密切。因为数世同居是有利的，对于租税负担可减轻，于是大家庭和大家族也就随之增多，这在客观上巩固和发展了门阀势力，但却削弱了政府的财政实力。于是晋初屯田制被废除，施行占田制。

---

① （南朝宋）范晔：《后汉书》卷六十六《陈蕃传》，中华书局，1965年，第2162页。

② （晋）陈寿：《三国志·魏书》卷二十一《卫觊传》，中华书局，1959年，第610页。

第三节　经学的衰微和学术的转型

从学术上看，王肃生活在经学衰微和学术转型的时代。自汉武帝罢黜百家、独尊儒术之后，今文经学得到了长足的发展，但到了东汉末年，经学出现种种弊端，不能适应社会的发展，开始走向衰落。

一、经学衰落

经学衰落的一个重要表现就是今文经衰微，古文经兴起。其中今文经衰微主要表现在以下几个方面：

（一）经学成为谋生的工具，而不是谋心之业。自政府立今文经学为博士以来，今文经学作为一种官方学术，已成为习经者入仕晋身的阶梯。由于习经者多以学术作为禄利之途，急功近利，投机取巧，必然发生流弊。习经者崇尚虚华、不思多闻阙疑的浮躁之气到了东汉末年更加严重，“太学始开，有弟子数百人，而诸博士卒皆粗疏，无以教弟子。弟子本亦避役，竟无能习学。冬来春去，岁岁如是。又虽有精者，而台阁举格太高，加不念统其大义，而问字指墨法点注之间，百人同试，度者未十，是以志学之士，遂复陵迟，而末求浮虚者各竞逐也。”[1]学经者不学无术，直接导致经学的衰落。

（二）治学方法上出现致命的弊端。一方面今文经学讲解经文，既繁琐，又穿凿附会，支离蔓衍，往往经书上的几个字，解释却要用上几万字甚至更多，《汉书·艺文志》云：“说五字之文，至于二三万言，后进弥以驰逐，故幼童守一艺，白首而后能言，安其所习，毁而不见，终以自蔽，此学者之大患也。”这不仅使儒生感到厌烦，在使用价值方面意义也不大，因此限制了自身的发展。另一方面今文经学注重师法家法，学者各尊家法，致使经学到了东汉末

① 卢弼：《三国志集解》卷十三，《魏志·王肃传》引鱼豢《魏略·儒宗传序》，中华书局，1982年，第272页。

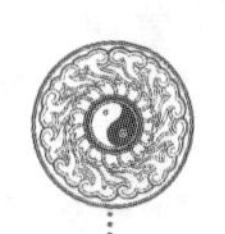

年形成一经有数家，一家有数说，歧义并出的局面。如树干的分枝，枝又分枝，枝叶蕃滋，渐失其本。经学的病态发展，使自身走入一个死胡同。

（三）谶纬的流行。今文学家将儒家与阴阳家的学说糅合起来，编造出一套“天人感应”、“天人合一”的理论，直接为政治斗争服务，因而受到统治阶级的推崇和提倡。但是为了迎合统治者的心理，又将经学与符瑞、灾异、图谶等迷信相联结，其末流甚至公开与谶纬之说相合，使经学成为一种极端庸俗、繁琐、没落的假学问。

今文经学自西汉始兴至衰微，其中的原因值得深思。首先宽松的社会和文化环境使得今文经学面临其他学术的挑战，当它难以适应变化了的社会现实与社会脱节时，必然为社会所弃。其次经学的政治理想与现实效果的反差，使得知识分子开始怀疑、反思。像范滂这样坚决反对宦官专权，宁死不屈的“党人”，在临刑前，也不得不对其子辈发出这样的哀叹：“吾欲使汝为恶，则恶不可为；使汝为善，则我不为恶。”① 正直之士坚持“为善”“经邦济世”时，连自身性命也无法保全，这样的现实，对士人的心灵造成极大的扭曲，窒息了学术的发展。还有就是东汉中后期，两汉经学研究中存在的弊端，遭到了当时思想家的深刻揭露和批判，出现了一些社会批判思想的代表，如王充、扬雄、王符、仲长统等。他们抓住经学神学化这个弊端，进行了深刻地揭露和犀利地批判，这对经学的衰落是一种打击。

物极必反，盛极而衰。今文经学的发展已到尽头，此时的古文经学适应了社会的需要，因此渐渐受到学者们的重视。今文经和古文经从表面上看只是文字和传本的差异。今文经是用汉代隶书写的，而古文经则是用战国时六国文字写的，是出土和民间所献的先秦古书，因而其篇章和文字与今文经是不同的，进而对经文的解说也是有差异的。除了文字和传本的不同，二者在治经方法等方面也差别很大。今文经学在当时统治者大力扶植下，对儒家经典任意发挥，并与流行的阴阳五行、天人之学相结合，以迎合统治者的需要，成为两汉显学，而古文经学把儒家经典视为古代历史文献，严格按照字义释

① （南朝宋）范晔：《后汉书》卷六十七《范滂传》，中华书局，1965年，第2207页。

经，简明扼要，阐明儒家大道。周予同先生在其《经今古文学》一书中简明地阐述了今、古文经学的不同[①]，这里就不加赘述。西汉末年，古文经学家刘歆就曾站出来为古文经学争地位，要求古文《尚书》《逸礼》《左氏春秋》立于学官。刘歆得到了王莽的支持，古文经于是开始得势。至东汉，汉光武帝刘秀曾立古文经，后来两派斗争一直很激烈，如韩歆、陈元与范升争立费氏易及左氏春秋；贾逵与李育以及郑玄与何休争论公羊左氏优劣，这样“初，中兴之后，范升、陈元，李育、贾逵之徒争论古今学，后马融答北地太守刘瓌及玄答何休，义据通深，由是古学遂明[②]。”

今文经学和古文经学经过几次斗争后，已趋向于融合。这时出现了许多经今古文兼通的大师如马融、贾逵、郑玄等。尤其是郑玄，他兼通经今古文学，使二者融而为一。但是经学家们仍没有改变经学衰落的命运，正如皮锡瑞所说：“兼通今古文，沟合为一。于是经生皆从郑氏，不必更求各家。郑玄之盛在此，汉学之衰亦在此。”[③]

二、学术转型

经学衰落之后，魏晋时期学术发展走向一个色彩斑斓的多元化局面。这一时期，除了儒学的继续发展外，玄学的兴起和佛教、道教的繁荣，构成了鲜明的特色。在打破了长期独尊儒术的格局后，不同学术领域呈现出一种令人目不暇接的多样性和丰富性。以老庄道家思想为骨干的玄学思潮开始流行，外来佛教得到传播，道教也出现勃兴现象，形成多元文化相互吸引、融合的局面。

这一时期，统治者虽作过许多振兴儒学的尝试，但大多采取多元并用的策略来调和这些矛盾。虽然儒学的正宗地位仍保持着，但在与佛、道的相互撞击中，走上了与之相互吸收、融合的曲折发展道路。它一方面通过作为玄学的思想来源和对名教政治的维护，曲折地表达着自身的理论；另一方面则通过对经学的改革而力图摆脱汉末以来经学的危机，以便跟上时代的步伐，这

① 朱维铮：《周予同经学史论著选集》，上海人民出版社，1983年，第9页。
② （南朝宋）范晔：《后汉书》卷三十五《郑玄传》，中华书局，1965年，第1208页。
③ （清）皮锡瑞：《经学历史》，中华书局，1959年，第142页。

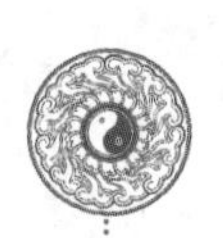

一点主要表现为荆州学派的发展。荆州学派是刘表创立的。东汉末年中原大乱，荆州没有受扰动，刘表在荆州“开立学官，博求儒士，使綦毋闿、宋忠等撰立五经章句，谓之《后定》”。[①]荆州学派后定的五经章句显著特点就是简易实用，注重义、理的发挥，这种治学风气影响了王肃、李譔、王弼等人，促进了经学的复兴和发展。但皮锡瑞称这一时期为儒学的“中衰时代”。

作为对东汉末年以来经学中“章句训诂”存在弊端的一种学术内部的自我革新，以及对东汉末以来品评人物和政事的清议风气的演进，魏晋时期，玄学兴起。玄学是魏晋时代何晏、王弼等运用道家的思想糅合儒家经义而形成的一种唯心主义哲学思潮。它以浮虚学风取代了务实的学风，删繁就简不仅是个别学者注经风格的变化，还成为整个学术发展的一般趋势。玄学摒弃了两汉阴阳灾异之说和固守家法师法的繁琐注疏之学，学贵心得，务心于精妙的本体义理思辨，成为魏晋时期的主流思想。

东汉末年儒家学说的治世效能严重削弱，导致政治家不得不另觅思想武器，其中最早复兴于汉魏之际的是名、法之学。杜恕曾说：“今之学者，师商、韩而尚法术，竞以儒家为迂阔，不周世用，此最风俗之流弊，创业者之所致慎也。”[②]从杜恕的话中我们可以看到当时法学的流行。魏武帝曹操把名法之学用于政治实践，有所谓“魏武初霸，术兼名法”的说法。[③]西晋初年，傅玄也说：“近者魏武好法术，而天下贵刑名”。[④]这些材料都证明了曹魏时期重视法家思想的学术特色。

总之，魏晋时期学术发展走向一个色彩斑斓的多元化局面。尽管与先秦诸子百家争鸣相比，它的规模没有那么宏大，但它展现的学术空间和思想深度却是前所未有的。

---

① （晋）陈寿：《三国志·魏书》卷六《刘表传》，中华书局，1959年，第212页。

② （晋）陈寿：《三国志·魏书》卷十六《杜恕传》，中华书局，1959年，第502页。

③ 范文澜：《文心雕龙注》卷四《论说篇》，人民文学出版社，1958年，第327页。

④ （唐）房玄龄：《晋书》卷四十七《傅玄传》，中华书局，1974年，第1317页。

第三章　王肃的生平履历

第一节　家　世

王肃字子雍，根据本传记载，汉献帝兴平二年乙亥（公元 195 年）生于会稽。其亲名朗字景兴。《魏略》曰：朗，本名严，后改为朗。东海郯人（今山东郯城县）。以通经拜郎中，除菑丘长，师太尉杨赐，杨赐薨，朗弃官行服，举孝廉，辟公府不应。徐州刺史陶谦察王朗茂才，当时汉帝在长安，关东兵起，王朗为陶谦治中，与别驾赵昱等说陶谦曰："春秋之义，求诸侯莫如勤土，今天子越在西京，宜遣使奉承王命。"陶谦乃遣赵昱奉章至长安，天子嘉其意，拜陶谦安东将军，以赵昱为广陵太守，王朗为会稽太守。

王朗赴任会稽的第三年，即汉献帝兴平二年（公元 195 年），长子王肃在府衙内降生。王朗忧心形势变化之余，也在会稽施行自己素来推崇的"德政"。他招徕流民，发放牛种，不兴甲兵，大兴文教。王朗以经术移风易俗，对不符合儒家道德的习俗尽力裁汰。裴松之引王朗《家传》曰："会稽旧祀秦始皇，刻木为像，与夏禹同庙，朗到官，以为无德之君，不应见祀，御史除之。居郡四年，惠爱在民。"王朗发现当地民俗喜欢祭祀秦始皇，甚至将秦始皇木像置于夏禹庙中。王朗认为秦始皇是暴虐之君，不应隆重祭祀，就下令除之。王朗在会稽任职四年，深受百姓爱戴，也引起朝廷关注。王肃出生的次年，战火终究燎原而来。在军阀袁术处借兵的孙策，决定经略江东富庶之地。他连战连

捷，席卷江东，很快将矛头对准会稽。

王朗虽擅长经术，勤于治民，却于兵戎无所成就。因为自觉身为汉吏，应保城邑周全，只能硬着头皮率兵出战孙策。王朗连遭败绩后，只能带着妻儿老母，泛舟浮海，朝不保夕，恍如惊弓之鸟。尚为婴儿的王肃，时常饮食不继，险些夭折。最终，王朗一家走投无路，被迫投降孙策。孙策敬重他声望儒雅，只责备而不加害。

王朗高才博雅，所交多名士，当王朗被俘后，曹操听闻王朗困于江东，征召其入朝为官。孔融知道后，曾与王朗书曰："世路隔塞，情问断绝，感怀增思。前见章表，知寻汤武罪己之迹，自投东裔同鲧之罚，览省未周，涕陨潸然，主上宽仁，贵德宥过，曹公辅政，思贤并立。策书屡下，殷勤款至，知櫂舟浮海，息驾广陵，不意黄熊突出羽渊也。谈笑有期，勉行自爱。"又王朗《家传》云："朗少与沛国名士刘阳交友，阳为莒令，年三十而卒，故后世鲜闻。初，阳以汉室渐衰，知曹操有雄才，恐为汉累，意欲除之而事不会。及操贵，求其嗣子甚急，其子惶窘，走伏无所，阳亲旧虽多，莫敢藏者，朗乃纳受积年，及从会稽还，又数开解，操久乃赦之，阳门户由是得全。"尚在襁褓的王肃，又跟父亲棹舟泛海，辗转一年之余才到达京师。

来到京师后，王朗生活较为安定，王肃也得以拥有一个相对稳定的童年。他跟随父亲左右，学习儒家典籍，探索只言片语背后潜藏的治国安民之道。因为家庭氛围耳濡目染，王肃自幼就喜爱研读文史，对经学也有独到的见解。十八岁时，他拜汉末大儒、荆州学派代表宋忠为师，向他学习西汉学者扬雄的《太玄》。《太玄》是扬雄所著的一本哲学书。扬雄在此书中将源于老子的"道"作为哲学最高范畴，并以"玄"作为构筑宇宙生成模式、探索事物发展规律的中心。扬雄写作《太玄》时，有意炫才显能，将文章玄妙化。所以《太玄》义理极为深奥，很难理解。王肃年纪轻轻，就不仅能读懂此书，还能发表诸多新颖看法，有着异于常人的领悟力。名师宋忠教诲不倦，学生王肃苦学继日。到二十多岁时，王肃经学造诣突飞猛进，已是当时首屈一指的经学家。

王朗作为博雅大儒，不忘荐贤，待人谦而有度。裴松之引《王朗集》云："朗为大理时上主簿赵群、张登：'昔为本县主簿，值黑山贼围郡，登与县长王儁，帅吏兵七十二人，直往赴救，与贼交战，吏兵散走，儁几见害，登手格一贼，以全儁命。又守长夏逸，为督邮所枉，登身受考掠，理逸之罪。义济二君，宜加显异。’时曹以所急者多，未遑擢叙。至黄初初，朗又与太尉钟繇，连名表闻，兼称登在职勤劳。诏曰：‘登，忠义彰显，在职功勤，名位虽卑，直亮宜显，饔膳返任，当得此吏。今以登为太官令。’”

黄初中，鹈鹕集灵芝池，魏文帝诏集公卿让其举荐特立独行有德操的君子。王朗推荐了光禄大夫杨彪，并且假装生病，把自己的职位让给杨彪，魏文帝于是给杨彪增加吏卒，让其位次三公，并下诏责怪王朗说：“朕求贤于君而未得，君乃翻然称疾，非徒不得贤，更开失贤之路，增玉铉之倾，无乃俱其室出其言不善，见违于君子乎！君其勿有后辞。”王朗于是又重新恢复职位。

王朗在魏朝为官，多次向皇帝进谏言，诸如节俭爱民、慎行法贤之义，魏朝君主大多采纳了，可见王朗在当时社会的地位之高，政治思想影响之大。王朗一生多有著述，如著有《易》《春秋》《孝经》《周官传》（案，《周礼》），并且奏议论记，都被流传于后世。魏明帝太和二年（公元 228 年）王朗卒，谥曰成侯，其子王肃嗣其爵。

第二节　仕途经历

黄初元年（220 年）曹丕废汉献帝自己称帝即位，为了得到大家世族的支持，听取了陈群的建议，对官僚制度进行改革，颁布九品中正制，这为世族子弟打开了仕途的通道。这一年王肃 26 岁，出仕任散骑黄门侍郎，开始了他的仕途生涯。

魏明帝太和二年（228 年）王朗病逝，34 岁的王肃先后被拜为散骑常侍、秘书监、崇文观祭酒等职，并开始频繁参与朝廷机要大事。如大司马曹真要征蜀，王肃上疏陈述利弊谏止出征，“于是遂罢”。上疏建议遵循旧礼，为大臣致哀建宗庙“事皆施行”。建议“除无事之位”“并从容之官”，实行“官寡而禄厚”的原则等，这些显示出王肃不凡的政治才能。

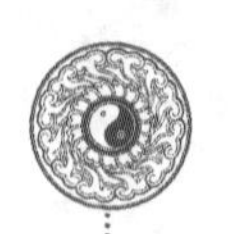

太和三年（太和为魏明帝年号，公元 229 年），时王肃年三十五岁，拜散骑常侍。

太和五年（231 年）王肃将女儿嫁给司马昭[①]，与司马氏结为姻亲，此后王肃的仕途与司马氏连接在一起，一荣俱荣，一损俱损。青龙四年（公元 236 年），王肃四十二岁，以常侍领秘书监兼崇文观祭酒。严可均云："青龙末领秘书监兼文观祭酒。"

魏废帝齐王芳正始年间（240—248 年），王肃卷入了政治党争。大将军曹爽专权，与司马懿争权夺利。王肃的政治生涯因此开始沉浮不定，大起大落。正始元年（240 年），四十六岁的王肃，得到重用被任命为广平太守。于任上多有政绩，《魏书》卷十一《管宁传》云："是岁广平太守王肃至官，教下县曰：'前在京都，闻张子明，来至问之，会其已亡，致痛惜之，此君笃学隐居，不与时竞，以道乐身。昔绛县老人，屈在泥涂，赵孟升之，诸侯用睦，悯其耄勤好道，而不蒙荣宠。书到遣吏劳问其家，显题门户，务加殊异，以慰既往，以劝将来。'"正元元年（254 年），迁为河南尹，参与了司马氏废齐王芳的大事。奉司马师之命，迎高贵乡公曹髦即位。正元二年（255 年），迁中领军，掌管禁卫军，控制首都的军权，负责司马氏集团的人身安危。王肃在司马氏集团中渐处核心地位。正始八年（247 年），王肃五十三岁，征还，拜议郎，负责宿卫宫殿门户。不久为侍中，迁太常。时大将军曹爽专权，任用何晏、邓飏等。王肃因抨击曹氏集团中的何晏、邓飏等人为"弘恭、石显之属"，骂他们是贪官污吏，被"坐宗庙事"免官，这是其政治生涯的最低谷。《晋书》卷十二《天文志》中云："正始八年二月庚午朔，日有蚀之，是时曹爽专政，丁谧、邓飏等转改法度，会有日蚀之变，诏群臣问得失，蒋济上疏曰：'昔大舜佐治，戎在比周，周公辅政，慎于其朋，齐侯问灾，晏子对以布惠，鲁君问异，臧孙答以缓役，塞变应天，乃实人事。'济旨譬甚切，而君臣不悟，终至败亡。"再考《魏书》卷八《曹爽传》云："初，爽以宣王年德并高，恒父事之，不敢专行。及何晏等进用，咸共推戴，说爽以权重不宜委之于人，

---

① （唐）房玄龄：《晋书》卷三十一《后妃上·文明王皇后传》，中华书局，1974 年，第 950 页。

乃以晏、谧为尚书，晏典选举，毕轨司校尉，李胜河南尹，诸事希复由宣王，宣王遂称疾避爽，晏等专政，共分割洛阳。野王典农桑田数百顷，及坏汤沐地以为产业，承势窃取官物，因缘求欲州郡，有司望风，莫敢忤旨。晏等与廷尉卢毓，素有不平，因毓吏微过，深文致毓法，使主者先收毓印绶，然后奏闻，其作风如此。爽饮食车服，拟于乘舆，尚方珍玩，充牣其家，妻妾盈后庭，又私取先帝才人七八人，及将吏、师工、鼓吹、良家子女三十三人，皆以为伎乐，诈作诏书，发才人五十七人送邺台，使先帝倢伃教习为伎，擅取太乐乐器，武库禁兵，作窟室，绮疏四周，数与晏等会其中，饮酒作乐。”考《晋书》记载与王肃事颇相合。嘉平元年（249年），司马懿发动高平陵政变，趁皇帝曹芳和曹爽离开洛阳去祭扫高平陵（魏明帝曹睿墓）时，发动政变一举铲除了曹爽集团，国家政权落入司马氏之手。嘉平六年（254年），王肃六十岁，徙为河南尹。秋九月，大将军司马景王将谋废帝，以闻皇太后，甲戌，太后令曰：“皇帝不亲万机，耽淫内宠，沈漫女德，日延倡优，纵其丑谑，……毁人伦之叙，乱男女之节……不可承天绪，奉宗庙”。是日迁居别宫，十月己丑，奉命持节兼太常，奉法驾，迎高贵乡公（曹髦）于元城。此后王肃得到重用，拜光禄勋。高贵乡公正元二年（255年），王肃六十一岁，迁中领军，加散骑常侍，增邑三百，并前二千二百户。

高贵乡公甘露元年（256年）仕途上正蒸蒸日上的王肃，因病逝世，终年六十二岁，谥号景侯。《魏书·朱建平传》云：“肃年六十二，疾笃，众医并以为不愈，肃夫人问以遗言，肃曰：‘建平相我逾七十，位至三公，今皆未也。将何虑乎！’而肃竟卒。”本传云：“肃，甘露元年薨。”案，甘露元年，为公元256年，据此逆推，王肃乃生于汉献帝兴平二年。有《太平御览》卷六引顾野王《舆地志》曰：“汉时王朗为会稽太守，子肃随在郡，住东斋中，夜有女从地出，称越王女，与肃语，晓别，赠一丸墨，肃方注《周易》，因此便觉才思开悟。”前面在王肃家世中引王朗《家传》称王朗居郡四年，而孙策于建安元年渡江扩土，兵临会稽，建安元年为公元196年，王肃此时刚满一岁，怎能注《周易》？可见顾野王之言，不足信。王肃死后被追赠卫将军，谥曰景侯。晋武帝泰始三年（268年）王肃卒后十二年，追谥其夫人羊氏平阳

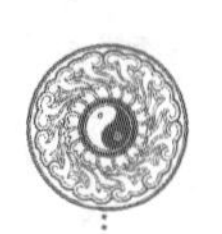

靖君。（见《晋书》卷三十一《后妃上·文明王皇后传》）

后裔情况，王肃有子女八人，为后世所重，王肃死后，其子恽嗣，恽死，无子国绝。景元四年（263年，景元为魏常道乡公年号），封肃子恂为兰陵侯，咸熙中，开建五等，以肃著勋前朝，改封恂为承子。案，裴注引《世语》曰："恂，字良夫，文明皇后之弟也。有通识，在朝忠正，历河南尹，侍中，所居有称。乃心存公，有匪躬之节。鬲令袁毅，馈以骏马，知其贪财，不受。毅竟以黩货而败。建立二学，崇明五经，皆恂所建，卒时年四十余。赠车骑将军。"（见《魏书》肃本传注，《晋书》卷九十三《王恂传》）裴又引晋诸公《赞》曰："恂兄弟八人，其达者，虔字恭祖，以功干见称，位至尚书。弟恺，字君夫，少有才力，而无行俭，与卫尉石崇友善，俱以豪侈竞于世，终于后将军。虔子康、隆，仕亦宦达，为后世所重。"

王肃有一女，名元姬，适司马文王，即文明皇后，生晋武帝（炎）及辽东悼王定国，齐献王攸，城阳哀王兆，广汉殇王广德，京兆公主。

王肃，这位权倾一时的政治家对于寿数、功名利禄的追逐至死不悟。病终时仍念念不忘相面家朱建平的"相我逾七十，位至三公"的预言，对自己的结局发出"今皆未也，将何虑乎"的置疑[①]。陈寿评价王肃"亮直多闻，能析薪哉！"认为他诚信正直，博学多闻，有才干，是可委以重任的人。但是刘寔以为"肃方于事上而好小佞己，此一反也；性嗜荣贵而不求苟合，此二反也；吝惜财物而治身不秽，此三反也"。[②]即王肃为人处世有三个矛盾之处，对待上级刚直不阿，却喜好部下对己巧言谄媚；本性热衷荣华富贵，为人处事却有原则，不苟合于人；吝惜财物，贪图享乐，却不受人贿赂，严以律己。从刘寔的评价可以看出王肃的人格有分裂性，而这种分裂性可能与其自身接受的儒、道思想有关。王肃对于儒家经典研究很深，但又兼治道家，这样在恪守儒家信仰的同时又接受道家的思想，但儒、道两种思想存在很大的不同，于是儒道矛盾之处就充分体现在王肃身上，造成性格上的"三反"现象。

综观王肃的一生，可以得出以下几点认识：第一，王肃出身世族，他的

① （晋）陈寿：《三国志》卷二十九《方技传·朱建平》，中华书局，1959年，第810页。
② 卢弼：《三国志集解》卷十三《魏志·王肃传》，中华书局，1982年，第273页。

出仕以及仕途得意与曹魏时期实行的九品中正制有很大关系。除了曹爽集团专政时期受到短暂的挫折外，其仕途基本上是步步高升，这也可以看出他与司马氏集团“一荣俱荣，一损俱损”的唇齿关系。第二、王肃是曹魏一朝名臣之后，其父朗是曹魏的开国功臣，与钟繇、华歆并为三公，被魏文帝称为“一代之伟人”。这样的家庭背景，在一般人看来王肃应该恪守先父的功业，一如既往地效忠于曹魏政权，但是在混乱的政局变迁中，他没有坚持儒家倡导的愚死效忠，反而迅速地从曹魏政权中抽身，与司马昭结为姻亲，投靠到司马氏一方。这种抛弃儒家的忠孝伦理纲常，选择道家明哲保身之道的行为，反映了王肃儒道兼治的思想，即和平时期宣扬儒家伦理思想，动荡特殊时期又能审时度势，务实权变。第三，从其本传记载中可以看到王肃的奏疏几乎涉及魏朝所有的重大事件，对于这些事件他都引古文经学来论证，恪守古文经学的礼法，由此可知其治经的立足点是古文经学。

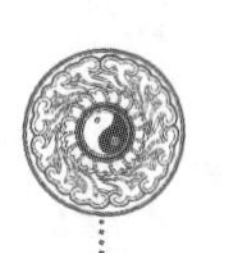

第四章　王肃的学术渊源及著述

第一节　学术渊源

王肃的易学渊源从其本传中可以清楚地看出，首先是继承家学，其次曾师从宋忠学《太玄》，还有“善贾、马之学”。

王朗，字景兴，是曹魏政权中重要的政治人物，官至司徒，政治地位显赫。在董卓之乱时任会稽太守，后被孙策击败，与虞翻关系密切。建安三年归还中原，依附曹操，历任魏郡太守、少府、奉常、大理等。在曹丕为魏王时升为御史大夫，被魏文帝称为“一代之伟人”。在魏明帝时转为司徒，于魏明帝太和二年（公元228年）病逝。王朗老师杨赐字伯献，后汉华阴人，杨震之孙，世传欧阳尚书，灵帝时，曾官太尉。（见《后汉书》卷八十四）汉末多事之秋，一大批清流士子有感国事日非，奋而抨击社会混沌黑暗。起初，杨赐“不应州郡之命”，超然于政治之外，也借着灾异批评外戚干政、宦官擅权。他讥讽皇帝“内多嬖幸，外任小臣”，讽刺朝政“妾媵嬖人阉尹之徒，共专国朝，欺罔日月”。杨赐对现实政治的关注，深深地影响了学生王朗。杨赐病故后，王朗“弃官行服”，坚持为恩师守孝，矢志继承杨赐的学术思想。

王朗知识渊博，是当时著名的经学家。《三国・志魏书》本传评曰：“王朗文博富瞻，诚一时之俊伟也。”师从杨赐，习欧阳尚书和京氏易学。为《易》《春秋》《孝经》《周官》等作传，都流于后世。据《汉晋学术编年》载，王朗著述有：《易传》《周官传》《春秋左氏传》十二卷，《春秋左氏释驳》一卷,《孝经传》《集》三十四卷。王朗本就是以“通经”拜郎中而走上仕途的，《魏书》称其为“高才博雅”。以“通”而“博”称述其学问，可见王朗是当时著名的经学大师。王朗的学识、学问得到王肃的传承是理所当然。父子二人于茶余饭后之际，于独立趋庭之间的问答交流，亦是自然之情，耳濡目染，影响不可忽视。因王朗高才博雅，所著《易》《春秋》《孝经》《周官传》咸传于世，对王肃的治学之道影响甚大，因为王肃的《周易注》就是在撰定其父《易传》的基础上完成的，故继承了王朗《易传》中的许多东西，张惠言就认为“疑其出于马、郑者朗之学也，其掊击马、郑者肃之学也。”①王肃身体力行儒家的伦理纲常，在他的政治生涯中，儒家、道家这两种学说，此起彼伏地体现在他身上，就儒家行为而言，王朗的影响是毋庸置疑的。考察王朗的政绩，无重要事功可称，但其政治活动处处体现着儒家伦理与政治思想。此外，王朗对王肃的另一个重要影响是把王充及《论衡》介绍给了王肃。《后汉书·王充传》注引袁氏《后汉书》：“充所作《论衡》中土未有传者，蔡邕入吴始得之，恒秘玩以为谈助。其后王朗为会稽太守，又得其书。及还许下，时人称其才进。或曰：‘不见异人，当得异书。’问之，果得《论衡》之益。由是，遂见传焉。”王朗因《论衡》一书而增进才学，将这部书传给王肃也是必然的。

王肃易学的显明特点就是重义理轻象数，很大程度上是受了宋忠的影响。王肃师事宋忠，从读《太玄》，而更为之解，此时已年届十八矣。《隋书·经籍志》云：“梁有扬子《太玄经》七卷，王肃注，亡。”《华阳国志·先贤士女总赞》介绍扬雄云：“其玄源渊懿，后世大儒张衡。崔子玉、宋仲子、王子雍，皆为注解。”由此不仅可以知宋忠之所以教授《太玄》，还可获悉王肃“更为之解”。宋忠（约 160—219 年），字仲子，南阳章陵人（今湖北枣阳），后避晋惠帝司马衷讳，改“宋忠”为“宋忠”。官至荆州五等从事，是荆州学派的主要代表人物。他精通《周易》《太玄》《易纬》及《世本》等，

① （清）张惠言：《易学十书·易义别录》卷十一，广文书局，1971 年，第 1236 页。

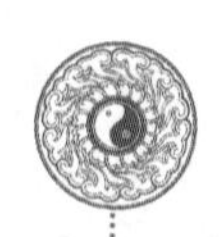

为之作注，名闻遐迩，颇有声望。据《汉晋学术编年》载宋忠著述有：《周易注》十卷、《世本》十卷、《太玄经注》九卷、《法言注》十三卷、《易纬注》《乐纬注》《春秋纬注》《孝经纬注》。《三国志·魏书》卷六《刘表传》注引《英雄记》曰："州界群寇既尽，表乃开立学官，博求儒士，使綦毋闿、宋忠等撰五经章句，谓之《后定》。"陆德明的《经典释文序录》云："宋忠，字仲子，南阳章陵人，后汉荆州五等从事。"（衷与忠通）有《易注》九卷，荀爽的《九家易》注，宋忠即为其中之一，皆当时之名儒也。宋忠的治学特点是注经倾向于义理化，在易学方面，他保持了费氏易学"以经立注""以传解经"的传统，一扫两汉注易繁琐枝蔓的弊端，偏重义理，简约明晰。如《说卦》"乾为天"注曰"乾动作不懈，天亦转运"；"巽为木"注曰"阳动阴静，二阳动于上，一阴安静于下，有似于木也"；"坎为水"注曰"坎，阳在中，内光明，有似于水。"由此可见宋忠注易偏重义理的发挥，推崇易道，重视理性分析及其形而上的根据。虽其解易仍未摒弃象数，但相比于荀爽、郑玄来说，义理化倾向已很明显。除了研究《周易》外，宋忠还研究扬雄的《太玄》，著有《太玄经注》。陆绩曾批评宋忠"夫《玄》之大义，揲蓍之谓。而仲子失其指归，休咎之占，靡所取定，虽得文间义说，大义乖矣。"[①]这句话从反面衬托出宋忠的《太玄》学专注于发挥"文间义说"，对"揲蓍""休咎"一概不取，充分表明宋忠阐扬义理，不重象数的治学特点。这对王肃阐释经学的治学方法和治学思想有极大的影响，王肃治经立足于古文经学，注重义理化、简约化，是与宋忠的影响是分不开的。

王肃《易注》的文字训诂多同于马融，而不同于郑玄，说明马融易学对王肃影响至深。马融（79—166年）字季长，扶风茂陵人（今陕西兴平东北），是伏波将军马援族孙。他才高博洽，以通儒著称，曾拜东观点校秘书，与刘珍等人校定五经、诸子、传记、百家艺术，整齐脱误纠正文字。遍注《孝经》《论语》《诗》《书》《易》、三《礼》等，并撰《三传异同说》。此外还教授生徒，常有千数，当时著名的卢植、郑玄等皆在门下。他的主要贡献不

① （汉）扬雄注，（宋）司马光集注：《太玄集注》，中华书局，1998年，第228页。

仅在于为多种经典作注，还在于坚持平实严谨的治学风格。他注经虽立足古文，但同时兼通今文，他本欲注《左氏春秋》，但见贾逵、郑众两家注后，说："贾君精而不博，郑君博而不精，既精既博，吾何加焉！"于是只注《三传异同说》，由此可以看出马融治经注意避免辞训繁琐，坚持严谨的治学态度。马融治《易》，继承并发展了费直的治学传统，注文重视文字训诂，且简易平正，注重以义解《易》，以人道政治议卦爻，如《观》卦："盥而不荐，有孚颙若。"马融注："颙者，进爵灌地，以降神也。此是祭祀盛时，及神降荐牲，其礼简略，不足观也。国之大事，唯祀与戎。王道可观，在于祭祀。祭祀之盛，莫过初盥降神。故孔子曰：'谛自既灌而往者，吾不欲观之矣。'此言及荐简略，则不足观也。以下观上，见其至盛之礼，万民信敬，故曰有孚颙若。孚，信。颙，敬也。"马融的治经态度和治经方法被王肃所继承，在王肃《易注》中可以看出很多注解王肃都照搬马融之说，正如张惠言所言"肃著书，务排郑氏，其托于贾、马以抑郑而已"。[①]

分析一个人的学术渊源不能只从师从关系着眼，还应当综合考察，看其学术思想与他所学习和解读过的文献资料的关系。王肃的易学除了直接从王朗、宋忠、马融处继承了研究成果外，还间接从其研究的文献中吸取营养，即扬雄的《太玄经》和王充的《论衡》。

《太玄》一书将老子的天道观和阴阳变易思想与《易经》《易传》思想相结合，从而形成一整套关于世界形成及变化的体系。这本书的鲜明特点是兼融儒道，不仅对《老子》《淮南子》《道德经指归》中关于自然本体论和宇宙生成、结构论有集中的阐发，而且对于儒家自孔子、《易经》以至于西汉儒学都有继承与改造，是对西汉易学中儒道互补倾向的发展。《太玄》反映出与众不同的易学观点和治易方法，它以占筮的形式来表达哲理，将黄老之学与《周易》杂糅，来扩大以黄老解《易》的学风，这些都对于魏晋以来义理派易学的发展有一定的借鉴和启发作用。王肃、王弼解《易》，在相当程度上是基于道家玄理而来的，常以老庄来解《易》，王肃 18 岁便对《太玄》

① （清）张惠言：《易学十书·易义别录》卷十一，广文书局，1971 年，第 1235 页。

有独到的见解，王肃的治学思路和思维模式应该受到《太玄》的影响。王肃的易学思想有儒道兼治的特点，王肃能异于马、郑，治易倾向于义理化，应该说必然是受到《太玄》影响的结果。

《论衡》是王充坚持唯物主义立场、针砭时弊的哲学著作。它驳斥宣扬灾异和神学的各种思想，对后代经学的发展有重大的推动作用。荆州学派与王肃经学中发明义理、摒弃谶纬、反对神学目的论等思想意向，都与《论衡》的思想一致。如果说，扬雄以“玄”为本原是从宇宙生成的角度进行有无之辩的话，王充则是从天道自然的角度消解了天人感应的神学基础，认为“天地，含气之自然也”。[①] 真正将自然纳入天道，自然的概念虽出自老子，但在王充之后才获得了它最充分的意义。王充将自然无为的性质与元气的质料基础结合在一起，认为“谓天自然无为者何？气也。恬淡无欲，无为无事者也”。[②] 这为自然无为的宇宙本原性质的判定，提供了坚实可信的基础。王充的这种自然无为的理论直接被王肃吸收，在他的《易注》中也坚持了自然无为的天道观。

第二节 著 述

一、疏奏、议论类著述

本传云：“肃所论驳朝廷典制、郊祀、宗庙、丧纪、轻重，凡百余篇。”王肃奏疏，多就事阐发，不仅切中时弊，而且引经据典，颇有说服力。太和四年，掌握兵权的大司马曹真上表，请求发兵征讨蜀汉，王肃在《上谏征蜀疏》里将心中所思倾笔写出，指出仓促出兵伐蜀的诸多危害；《上疏陈政本》阐述“政治根本”，请求刷新吏治。他精研儒学，也仰慕古代礼制，因而在奏疏中时常“以古论今”，强调“古为今用”如《上请为大司马曹真临吊表》为故去的大臣发哀，更要将有功大臣祭祀于宗庙等。今所见均著录于严可均《全上古三代秦汉

---

① （东汉）王充：《论衡·谈天篇》，上海人民出版社，1974年，第166页。

② （东汉）王充：《论衡·谈天篇》，上海人民出版社，1974年，第278页。

三国六朝文》中，有篇目内容可考的有：

《上谏征蜀疏》

《上疏陈政本》

《上疏请使山阳公称皇配谥》

《上疏恤役平刑》

《格虎赋》

《请为大司马曹真临吊表》

《奉诏为瑞表》

《论秘书丞郎表》

《秘书不应属少府表》

《表》

《贺瑞应表》

《禘祭议》

《议祀圆丘方泽宜宫县乐八佾舞》

《郊庙乐舞议》

《告瑞祀天宜以地配议》

《祀社议》

《祀五郊六宗及厉殃议》

《已迁主讳议》

《诸王国相宜为国王服斩缞议》

《王侯在丧袭爵议》

《吊陈群母议》

《腊议》

《答尚书难》

《答尚书访》

《答武竺访》

《广平太守下教问张臻家》

《加殊异以慰既往以劝将来》

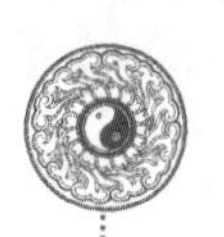

《与广陵太守书》

《孔子家语解》序

《宗庙颂》

《贺正议》

《纳征辞》

《家诫》

二、注经之作及其历代书目著录、辑佚情况

本传云："肃为《尚书》《诗》《三礼》《左氏解》，及撰定父朗所作《易传》，皆立于学官。"兹依唐陆德明《经典释文序录》所列之次，分别略述如下：

《周易注》：《周易》十卷，魏卫将军王肃注（《隋志》）。《旧唐书·经籍志》和《新唐书·艺文志》（以下简称两唐志）均云《周易》十卷，王肃注。陆德明《经典释文·序录》称《周易注》王肃著，十卷。凡一种。《崇文总目》作十一卷，王应麟《困学纪闻》云："王肃注《易》十卷，今不传。"可知南宋时其书亡佚。

王肃《周易注》虽佚，但《经典释文》《周易正义》《周易集解》《文选》李善注等书，多有引用。其中引用最多的是《经典释文》，共引用一百四十一条，其次《周易集解》也引用了二十一条。又《史记集解》、《北堂书钞》、《尚书正义》、《礼记正义》、《旧唐书》、《汉上易传》、《周易会通》，亦间引之。到了清代，臧庸《问经堂丛书》辑有《马王易义》；马国翰《玉函山房辑佚书》有《周易王氏注》上下二卷，《周易王氏音》一卷；孙堂《汉魏二十一家易注》有《王肃周易注》一卷；黄奭《逸书考》有《王肃易注》一卷。

《尚书解》：《尚书》十一卷，王肃注；《尚书驳议》五卷，王肃撰；梁有《尚书义问》三卷，郑玄、王肃及晋五经博士孔晁撰（《隋志》）。《经典释文》载《尚书》王肃注十卷，两唐志载《古文尚书》十卷，《尚书答问》三卷，王肃注；《尚书释驳》五卷，王肃撰。凡四种。宋志不载，《崇文总目》不录，大概已佚。

余萧客《古经解钩沈》辑有《王氏尚书注》（未言卷数），马国翰《玉函山房辑佚书》辑有《尚书王氏注》二卷。

《诗解》：《毛诗》二十卷，王肃注；梁有《毛诗》二十卷，郑玄、王肃合注，亡；《毛诗义驳》八卷，王肃撰，亡（《隋志》）。陆德明《经典释文序録》载王肃注二十卷，两唐志亦载有《毛诗》二十卷，王肃注。又载有《毛诗问难》二卷，王肃撰，亡。又《通志二十略·艺文略第一》另载《毛诗奏事》一卷，王肃撰。凡四种。《宋志》及《崇文总目》不载，其书已佚。

黄奭《逸书考》辑有《毛诗王肃注》一卷；马国翰《玉函山房辑佚书》辑有《毛诗王氏注》四卷，其《序録》云："《隋志》注梁有二卷，郑玄、王肃合注，盖魏晋人取肃注次郑笺后，以便观览，非肃别有注也。……其说申述毛旨，往往与郑不同。"又辑《毛诗驳议》一卷，王肃撰。并云："肃注《毛诗》，以郑笺有不合于毛者，因复为此书，曰义驳者，驳郑氏义也。《隋志》八卷，《唐志》作《杂义驳》，卷同。今佚，辑録凡二十节。"又辑有《毛诗问难》一卷。

《三礼解》：《周官礼》十二卷，王肃注；《仪礼》十七卷，王肃注；《丧服经传注》一卷，王肃注；《丧服要记》一卷，王肃注；《礼记》三十卷，王肃注（《隋志》）。陆德明《经典释文·序録》载《周官》十二卷，王肃注；《丧服注》（未言卷数）；《礼记》王肃注三十卷；王肃《三礼音》各一卷。两唐志有《周官礼》十二卷，王肃注；《仪礼》十七卷，王肃注；王肃注《礼记》三十卷（《新唐书·艺文志》作《王肃注小戴礼记》三十卷）；《新唐书·艺文志》又《丧服纪要》一卷，王肃撰；《丧服纪》一卷王肃注。《隋志》又有《礼记音》一卷，亡；又梁有《堂明议》三卷亡。凡八种。逮宋，均佚。

清余萧客《古经解钩沈》辑有《周礼王氏注》一则。马国翰《玉函山房辑佚书》辑有《礼记王氏注》二卷，《丧服经传王氏注》一卷，《丧服纪要》一卷，王肃撰。王谟《汉魏遗书钞》王肃撰《丧服纪要》一卷。黄奭《逸书考》辑有王肃《仪礼丧服注》二卷，《丧服要纪》一卷。

《左氏解》：《春秋左氏传》三十卷，王肃注；《春秋外传章句》一卷，王肃撰，梁二十一卷（《隋志》）。《经典释文·序录》《旧唐书·经籍志》均载有《春秋左氏传》三十卷，王肃注，《新唐书·艺文志》载有十卷，王肃注；

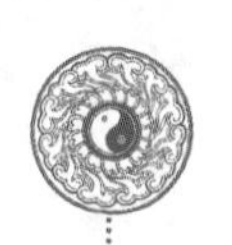

《春秋外传国语章句》二十二卷。凡二种。宋志不录。

清余萧客《古经解鉤沈》，马国翰《玉函山房辑佚书》辑有《春秋左氏传王氏注》一卷。黄奭《逸书考》辑有王肃《国语章句》一卷。

《孝经解》：《孝经》一卷，王肃解（《隋志》）。两唐志作王肃注一卷。凡一种。逮宋亡佚。

清余萧客《古经解钩沈》辑有五条。马国翰辑有《孝经王氏解》一卷。

《论语解》：梁有王肃注《论语》十卷，亡；《论语释驳》三卷，王肃撰，亡（《隋志》）。两唐志载有《论语》十卷，王肃注。宋志不载，已亡佚。《孔子家语》二十一卷，王肃解（《隋志》），唐宋以后，所著录者，作十卷；《圣证论》十二卷，王肃撰（《隋志》）。凡四种。

马国翰辑有《论语王氏义说》一卷，并云："《七録》有王肃《论语注》十卷，《隋书·经籍志》云亡，而《唐书·艺文志》、陆德明《经典释文序録》，并有王肃《论语注》十卷，盖隋代散失，至唐复出，今则佚不可见矣。"

其他儒学类：《扬子太玄经》十卷；《王子正论》十卷，王肃撰。下注有：梁有……《扬子太玄经》七卷，王肃注，亡（《隋志》）。凡二种。

别集类：《魏卫将军王肃集》五卷（《隋志》），凡一种。

此外刘汝霖《汉晋学术编年》还录有《家诫》（《艺文类聚》二十三引），《丧服变除》（未有卷数）（《晋书·礼志》），《祭法》五卷（《七录》），《宗庙诗颂》十二篇（《宋书·乐志》），《玄言新记道德》二卷（《唐志》）[①]。

总括《隋书·经籍志》等所载，王肃经学或儒学类著作共三十一种，至隋代已亡佚八种，两唐志及《通志二十略·艺文略》所载三种不详存佚。

三、王肃"伪书"的历代著录和考辨

后代学者多称孔安国《尚书传》《论语注》《孝经注》《孔子家语》《孔丛子》皆肃伪作。如皮锡瑞于其《经学历史》第五章中云："王肃伪造孔安国《尚书传》《论语注》《孝经注》《孔子家语》《孔丛子》五书，以互相证明，托于孔子及孔氏子孙，使其徒孔衍为之证。"[②] 关于这一问题，历代学者孜孜不倦地

① 刘汝霖：《汉晋学术编年》下册，中华书局，1987年，第18页。

② （清）皮锡瑞：《经学历史》，中华书局，1959年，第155页。

进行了各种求证和考辨，笔者学力有限，对王肃著作的辨伪问题不作评论，今就所查史料作一简述。

关于孔安国的《尚书传》认为是伪书起源于两个人，一为汉张霸、一为东晋梅赜。汉张霸所撰有《尚书百两篇》，被王充《论衡》识为伪作。王充《论衡·正说》云："至孝成皇帝时，征为古文尚书学，东海张霸，案百篇之序，空造百两之篇，献之成帝，帝出秘书百篇以校之，皆不相应，于是下霸于吏，吏白霸罪当至死，成帝高其才而不诛，亦惜其文而不灭。"[①]后见黜，是以无传。对于梅赜所献孔安国《尚书》五十八篇，《隋书·经籍志》云："晋世秘府所存，有古文《尚书经文》，今无有传者，及永嘉之乱，欧阳大小夏侯《尚书》并亡，济南伏生之传，唯刘向父子所著五行传，是其本法而又多乖戾，东晋豫章内史梅赜，始得安国之传奏之，时又缺舜典一篇，齐建武中，吴兴姚方舆于大桁市得其书奏上，比马、郑所注多二十八字，于是始列国学，梁、陈所讲，有孔、郑二家，齐代唯传郑义，至隋，孔、郑并行，而郑氏甚微，自余所存，无复师说。"[②]后人认为梅赜所献五十八篇中伪造了大禹谟、五子之歌、胤征、仲虺之诰、汤诰、伊训、太甲三篇、咸有一德、说命三篇、泰誓三篇、武成、旅獒、微子之命、蔡仲子之命、周官、君陈、毕命、君牙、冏命等二十五篇。此二十五篇之伪，《四库全书总目提要》卷十二，在《古文尚书疏证》中称"自吴棫始有异议，朱子亦稍疑之，吴澄诸人，本朱子之说相继抉摘，其伪益彰。然亦未能条分缕析，以抉其罅漏。明梅鷟始参考明诸书，证其剽剟，而见闻较狭，搜采未周，至清阎若璩乃引经据古，一一陈其矛盾之故，古文之伪乃大明。所列一百二十八条，毛奇龄作《古文尚书冤词》百计相轧，终不能以强词夺正理，则有据之言，先立于不可败也。"[③]此外，惠栋著有《古文尚书考》，考辨梅赜增多古文者十九条之多。

至于谓王肃伪造则要归咎于丁晏。道成间，丁晏作《尚书余论》(收入《续

① （东汉）王充：《论衡》，岳麓书社，1991 年，第 425-426 页。
② （唐）魏征等：《隋书》卷三十二，中华书局，1973 年，第 915 页。
③ （清）纪昀：《四库全书总目提要卷十二》，《影印文渊阁四库全书·总目一·经部》，台湾商务印书馆，1986 年，第 281 页。

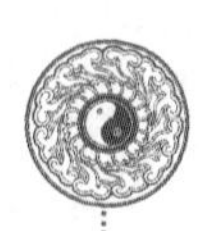

经解》卷八四四），据《家语后序》，证明伪古文经传是王肃伪作，他说："王肃《家语后序》云：孔安国字子国，天汉后，鲁恭王坏孔子故宅，得壁中《诗》《书》，悉以归子。国乃考论，古今文字，撰众师之义，为《古文论语训》十一篇、《孝经传》二篇、《尚书传》五十八篇，皆所得壁中科斗本也。……《家语》本肃所伪传，则此古文《书传》亦肃所私造而托名安国者也。其《后序》一篇，所言无一可信，鲁恭王，汉景帝子，薨于元朔元年，不得至天汉之后。刘子政经学大儒如有圣裔著书，岂得不记？《家语》为王肃私定，巧为弥缝，其伪可立见也。《汉书·艺文志》言《古文尚书》与《论语》出孔子壁中，孔安国悉得其书献之，并不言作传。《志》载《尚书经》二十九篇，传四十一篇，此伏生《尚书大传》也，与《孔传》篇目不符。班《志》本《七略》，确然可据。《家语》为王肃私造，巧为弥缝，俱系一手伪书也。……遍考两汉之书，无有言安国作传者，独《家语后序》言之，此肃之所造也。"[①] 疑伪《尚书》是王肃作的，除惠栋外，李惇、戴震、王鸣盛都有同样的主张。到了丁晏更作进一步的肯定。

《论语注》称为王肃伪造，亦是何晏所言。其曰："王肃私造古文以难郑君，并《论语》孔注皆肃一手伪书。"[②]。但亦有学者对此观点持怀疑态度，清儒沈涛于《论语孔注辨伪序》中云："孔子十一世孙安国，为汉武帝博士，《史记·孔子世家》《汉书·儒林传》皆不言其著书，而其书之传于今者，则有《古文尚书》《孝经》二传，识者疑其伪，独《论语传》散见于何氏《集解》中，古今无异议，近世刘端临学博，陈仲鱼征君，臧在东文学，始疑之，而未敢讼言攻之，以余观之，亦伪书也。何以明之？《汉书·艺文志》论语家有《鲁传》十九篇，《齐说》二十九篇，《鲁夏侯说》二十一篇，《鲁王骏说》二十篇，《燕说》三卷，而于古文《论语》，但云《论语》古二十一篇，出孔壁中两子张而已。并不云有《孔氏说》若干篇，是安国未尝作传，其证一也。何氏《集解序》云：'古论惟博士孔安国为之训解而世不传。'既云世不传矣，何晏所集，又从何而得？其证二也。司马迁从安国问故，宜不背师说，今考之《孔子世家》《弟子列传》，

① 蒋善国：《尚书综述》，上海古籍出版社，1988 年，第 299 页。

② （清）丁晏：《尚书余论》，《清经解续编》卷一百九十四，第三册，齐鲁书社，2016 年，第 1364 页。

皆与孔注不合，其证三也。郑康成就《鲁论》篇章，考齐古为之注（见何晏《序》），以齐古读正凡五十事（见《释文》），今《释文》所引郑读之从古者，孔注率同《鲁论》，安国既注古论，字岂转不从古？其证四也。许叔重《解字序》云：称《论语古文》，今《说文》所引《论语》之字，每与孔注不同，其证五也。至于诠义之肤浅，征典之舛误，有不待明眼人而自知者。盖当途之世，郑学盛行，平叔思有以难郑，而恐人之不信之，于是托西京博士，阙里之裔孙，以欺天下后世。"①

《孝经注》，有学者认为是刘炫伪造而非王肃，康有为云："安国传之亡逸于梁世，而刘炫之伪《孝经孔传》出焉。"② 王正已在《孝经今考》中云："在事实上说，孔安国的《孝经传》，早已亡于梁乱，隋文帝时，王劭访得《孔传》，恐怕是刘炫造谣，他自己托著孔安国的名字，伪造成书，盲目的官府，就给他并列于学官了。"③ 故而以上所述皆认为《孝经孔传》是刘炫伪造。并且《隋书·经籍志》亦未著录为王肃。《隋书·经籍志》云："古文《孝经》，与古文《尚书》同出，而长孙有《闺门》一章，其余经文，大较相似，篇简缺解，又有衍出三章，并前合为二十二章，孔安国为之传，至刘向典校经籍，以颜本比古文，除其繁惑，以十八章为定，郑众、马融并为之注，又有郑氏（玄）注，梁代安国及郑氏二家并立国学，而安国之本，亡于梁乱。陈及周、齐，唯传郑氏。至隋秘书监王劭，于京师访得《孔传》，送至河间刘炫，炫因序其得丧，述其议疏，讲于人间，渐闻朝廷，后遂著令与郑氏并立，儒者喧喧，皆云炫自作之，非孔旧本。"④

《孔子家语》，为王肃所作，有书目著录条文可据。《汉书.艺文志》载有《孔子家语》二十七卷，唐颜师古注云："非今所有《家语》也。"《隋书.经籍志》录王肃注《家语》二十一卷，唐宋以后，所著录者，为王肃《家语》十卷，

① （清）沈涛：《论语孔注辨伪》，《丛书集成初编》，中华书局，1991年，第496册，第74页。

② （清）康有为：《新学伪经考》，吉林出版社，2017年，第72页。

③ 罗根泽：《古史辨》第四册，上海古籍出版社，1982年，第155页。

④ （唐）魏征等：《隋书》卷三十二，中华书局，1973年，第935页。

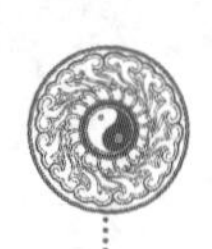

今本同。先儒悉以《家语》为王肃作，孔颖达《礼记·乐记疏》引马昭之言曰："《家语》，王肃所增加，非郑所见。"又《四库全书总目·孔子家语提要》中记王柏家语考曰："四十四篇之《家语》，乃王肃自取《左传》《国语》《荀》《孟》《二戴记》，割裂织成之，孔衍之序，亦王肃自为也。"[①]崔述《洙泗考信录》亦云："《家语》一书，本后人所伪撰，其文皆采之于他书，而增损改易以饰之，且《家语》在汉世已显于世，列于《七略》，以康成之博学，岂容不见，而待肃之以驳己耶？"[②]此外清人范家相撰《家语证伪》十卷，孙志祖撰《家语疏证》十卷，陈士珂撰《孔子家语疏证》十卷，皆以《家语》为王肃所作，丁晏《尚书余论》亦然。

《孔丛子》，《汉书·艺文志》不载，《隋书·经籍志》经部论语家载有《孔丛子》七卷，注云："陈胜博士孔鲋撰。"其《序录》云："《孔丛》、《家语》，并孔氏所传仲尼之旨。"宋洪迈《容斋随笔·三笔》卷十云："《孔丛子》，《汉书艺文志》不载，刘向父子所未见……唐以前不为人所称，至嘉佑四年，宋咸始为注释以进，遂传于世，今读其文，略无楚汉间气骨，岂非齐梁好事者所作乎？"[③]《朱子语录》云："汉卿问：孔子顺许多话却好？"曰："出于《孔丛子》不知是否？只《孔丛子》说话多类东汉人，其文气软弱，全不似西汉文。"又云："《孔丛子》叙事至东汉，然词气甚卑近，亦非东汉人所作。"[④]《四库总目提要》云："《家语》出于王肃依托，《隋志》既误以为真，则所云《孔丛》出孔氏所传者，亦未为确证，朱子所疑，盖非无见，即如舜典：'禋于六宗'何谓也？子曰：'所宗者六皆洁礼之也，埋少牢于泰昭，所以祭时也，祖迎于坎坛，所以祭寒暑也，主于郊宫，所以祭日也，夜明，所以祭月也，幽禜，所以祭星也，

---

① （清）纪昀：《四库全书总目提要卷十二》，《影印文渊阁四库全书·总目三·子部》，台湾商务印书馆，1986年，第3页。

② （清）崔述：《洙泗考信录》卷一，《考信录》，《续修四库全书》第455册，上海古籍出版社，2002年，第617页。

③ （南宋）洪迈：《容斋随笔·三笔卷十》，中国世界语出版社，1995年，第350页。

④ （宋）朱熹：《朱子全书》第18册，上海古籍出版社，2002年，第3903页。

雩禜，所以祭水旱也。’禋于六宗，此之谓也。其说与伪《孔传》、《家语》并同，是亦晚出之明证也。”[1] 以上观点认为《孔丛子》为后人伪造。

也有学者认为是王肃依托，如顾实曰：“《孔丛子》、《孔子家语》二书，并出王肃依托，清儒多谓《伪古文尚书》及《孔氏传》，亦出肃手，故《孔丛子》论书篇，其说与《伪传》、《家语》并同，此即王肃伪造《孔丛子》之证也。”[2] 罗根泽《孔丛子探源》一文亦主《孔丛子》为王肃伪造，其言云：“若真是鲋撰，则刘向、班固及汉代学者应见之，为何《汉书》不录，也无一汉人征引论述？此其一。书中有孟子亲见子思之问答，伯鱼死在孔子前，子思为伯鱼之子，其生年最晚亦在伯鱼死后数月，孔子应及见之，孔子卒于西历纪元前四百七十九年，孟子生年约在西历纪元前三百七十二年左右，距孔子之卒约一百余年，焉能亲受业子思之门？子思享年六十二，既下教孟子，又上与孔子讨论政治，是不可能。又征引王肃《圣证论》云：‘学者不知孟轲字，按子思书及《孔丛子》有孟轲居即轲也。轲少居贫坎轲，故名轲，字子居也。’（见《太平御览》三六二）肃因欲推翻郑康成，故先造《家语》《孔丛子》诸书，然后据以为证佐，反驳郑说。孟轲之字，《史记》本传、《汉志》与《风俗通》《穷通论》皆不著，赵岐《孟子题词》谓：‘字则未闻。’是必肃所造。”[3]

总之，经历代学者考证，《孔子家语》《孔丛子》为王肃所造伪书之说，几乎成定论。但李学勤据河北省定县八角廊西汉墓出土的《儒家者言》竹简，提出新的认识，认为王肃有可能不是伪造，而是有所依据。[4] 因不以此为研究

---

① （清）纪昀：《四库全书总目提要》卷十二，《影印文渊阁四库全书·总目三·子部》，台湾商务印书馆，1986年，第5页。

② 姚际恒：《重考古今伪书考》，上海大东书局，1926年，第52页。

③ 罗根泽：《古史辨》第四册，上海古籍出版社，1982年，第189页。

④ 李学勤：《竹简〈家语〉与汉魏孔氏家学》，《孔子研究》1987年第2期。李氏认为“《孔子家语》系汉魏时期孔氏家学的产物，王肃自序得自孔子二十二世孙孔猛，当为可信”。《孔丛子》虽不像传统所说是孔鲋所撰，也非地道伪书，“很可能陆续成于孔安国、孔僖、孔季彦、孔猛等孔氏学者之手，有很长的编纂、改动、增补过程”，“可说是孔氏家学的学案”，为王肃伪造污名平反。

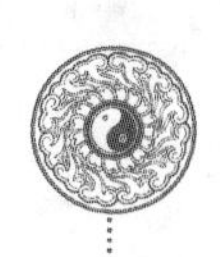

重点，故不赘述。

四、王肃易学辑佚情况

到了清代，考据之学大兴，这个时期对前代著述的辑佚研究取得了丰硕的成果。关于王肃《易注》的辑佚清代主要有以下几家：

（一）臧庸辑《马王易义》一卷，《问经堂丛书》本。马融曾著《周易章句》十卷，王肃著《周易注》十卷，均已久亡佚。臧庸据陆德明《经典释文》、孔颖达《周易正义》、李鼎祚《周易集解》等书所引，辑二家遗说合而为一卷。臧庸师从于卢文弨，长于校勘，对王肃《易注》中注解多有按语。如其惟圣人乎（《乾·文言》），《释文》云："王肃本作愚人"，臧庸谓肃之妄改。而天下随之（今作时），随之时义大矣哉（随，彖）。《释文》云："而天下随'时'，王肃本作随'之'。随'时'之义，作随'之'时义。"臧庸认为这是王肃仿他卦例所改。

（二）马国翰辑《周易王氏注》二卷，《周易王氏音》一卷，《玉函山房辑佚书》本。马国翰就《正义》《释文》《集解》《文选注》《御览》诸书，辑《周易王氏注》二卷，又以《释文序録》云："为《易音》者三人，王肃、李轨、徐邈。"认为王肃当另有《周易音》，故就《释文》所引《王氏音训》别作《周易王氏音》一卷。马氏所辑，较之孙堂《汉魏二十一家易注》和黄奭的《逸书考》所辑王肃《周易注》有多出来的几条即《比》卦"有孚盈缶"条；《解·象》"乃得中也"条；《说卦》"坎为狐"条。此外还有误辑之处即《说卦》十"乾，天也，故称乎父。……故谓之少女。"条，马氏将《正义》语"以乾坤为父母而求其子也，得父气者为男，得母气者为女"。辑入王肃《易注》中；《说卦》十一"为香臭"条，马氏将《正义》语"取其风所发也，又取下风之远闻"辑入王肃《易注》中；《序卦》"豫必有随"条，马氏将《正义》语"随者，皆以为人君喜乐欢豫，则以人所随"辑入王肃《易注》中。

（三）孙堂辑《王肃周易注》一卷，《汉魏二十一家易注》本。孙堂在《王肃周易注》撰有《小序》，论述了王肃其人以及其书的宗旨，认为"由斯而言，肃虽不好郑氏，而其易学固异于辅嗣，而不远于郑者也"。这与以往认为王肃好立异于郑玄的观点相比更为公允。孙堂在王肃注下间引古文通假之字以辨证经义，或前人已言则详其姓氏而不据为己有，由此可见其治学的严谨。如《师》卦“称天龙也”在王肃注下孙氏又详细举例，证明“龙”与“宠”为通假字；《大有》九二“大车以载”对于车的释音孙氏有补充了《释文》本上的其他类似训释，诸如此类的还有《随·象》条，《观》卦辞等。

（四）黄奭辑《王肃易注》一卷，《汉学堂丛书》本。黄奭在孙堂所辑的基础上又据《一切经音义》、郑刚中《周易窥余》、熊过《周易象旨决录》、陈士元《易象钩解》四书增补考订，故密于孙堂。其中考订之处如《观》卦辞“观盥而观荐”条黄氏认为是衍字误；《姤》卦“后以施命诰四方”王肃释为“止”黄氏认为止当作正；《困》九四“来余余”条黄氏引证解为“舒迟貌”等。黄奭还增补了四条：《咸·象》“天地咸而万物化生，圣人感人心而天下和平”条；《系辞下》“后世圣人易之以书契”条；“《困》，德之辨也”条；《大壮》“六五丧羊于易”条；《明夷》“六五箕子之明夷”条。

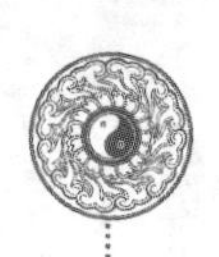

第五章　易学方法

易学方法是诠释学的范畴，是指诠释易学所采用的手段和思路，即怎样运用自己的思想和所掌握的知识对易学文本作出解释，是经学的重要组成部分，是中国古代的笺注之学。说它是诠释学是因为易学以传注、说解、笺疏、释疑、考证等为主要形式来理解和解释《周易》文本，探寻《周易》作者意识到的和未意识到的思想和义理。这种注释不仅着眼于《周易》字、词、句的意义，即通过训诂对《周易》进行语言和意义的转换，复制、转述《周易》本义和再现作者的生活世界，而且在此基础上依据解释者的知识和体验对《周易》文本进行再创造，使其意义得到拓展和升华。王肃使用了训诂法、义理法、爻位法、以礼注易和以史注易法。其中训诂法是通过对《周易》文辞的字、词、句的考释和解说，来解释易辞文本的语义。义理法是关注人事，阐明事理，以经世致用为目的的方法。爻位法是继承《易传》以爻位注《易》的传统，以爻所居位置及其相互之间关系进行取象的方法。此外，王肃还注意用当时的社会风俗习惯、历史事件等内容诠释《周易》。

第一节　以训诂释易

训诂是对古代文献的解说，把人们的解释活动称为“训”，用当时流行的语言解释形成于这之前、人们难以理解的文献（故言）称为“故”。孔颖达《毛诗·关雎古训传》正义云：“诂者，古也。古今异言，通之使人知也。”把“训诂”解释为：“诂训者，通古今之异词，辨物之形貌，则解释之义尽归于此。”即训诂是通过辨形、读音、释义、通假、修辞、语法、校勘等方式解释文本字词句意义，然后再梳理篇章结构、串讲大意，对文本作出系统的解释，实现古今话语的转换。两汉经学中，今文学家借助训诂阐发经学的微言大义，而古文学家则借助训诂重现经学本来的意义。王肃继承了古文经学的治学传统，以训诂释易，其训诂多因文立注训，以此解释经义，并且经常通过“声类”“音类”的相同相近来训释字义。在训诂上的特色主要表现在以下几点：

（一）以《易传》训诂材料注《易》。众所周知，《易传》作为系统解说《周易》的著作，把对文字意义的训释作为一个重要方法。《易传》作者运用训诂对《周易》卦爻辞进行解说，使《周易》许多文辞意义通过《易传》的解说而显现，所以《易传》成为后世以训诂注《易》的依据。如《坤》六五象：“黄裳元吉，文在中也。”注为“坤，为文”。《师》象“君子以容民畜众”注为“畜，许六反，养也”。《贲》象“山下有火，贲”注为“离为火，艮为山”。《中孚》彖“柔在内而刚得中，说而巽乎，乃化邦也。”注“说而巽”为“兑说而巽顺”。《既济》六二“妇丧其鬋”注为“坎为盗，离为妇”。《未济》“小狐汔济”注为“坎为水，为险，为隐伏”。《系辞上》“震无咎者，存乎悔。”注为“震，动也。”这些注释大多取自《彖传》《序卦传》《杂卦传》《说卦传》。虽然王氏《周易注》全貌已不可见，但从历代辑佚本仍可以看出他对《易传》重视的程度。

（二）多引用《尔雅》《说文》等训诂资料注释《周易》经传字义。其中直接取自《尔雅》的，如：《大壮》上六象“不祥也”注为“祥，善也”。（同于《尔雅·释诂》）《井》九二“井谷射鲋，敝漏。”注为“射，厌也。”（同于《尔雅·释诂》）《旅》初六“旅琐琐”注为“琐琐，细小貌。”（同于《尔雅·释器》）此外取自《说文》的，其中与《说文》相同的如《离》九三“则大耋之嗟，凶。”注为“八十曰耋”。《说文》曰：“老，考也，七十曰老，从人毛匕，言须发变白也。耋，年八十曰耋”；《夬》九四“其行趑趄（今本作次且）”注为“趑趄，行止之碍也。”《说文》：“趑，趑趄，行不进也。”引申《说文》之意的有：《豫》“六三，盱豫悔。”注为“盱，大也。”《说文》：“盱，张目。”王肃用其引申义。《说卦》“燥万物者莫熯乎火”注为“火气也”。

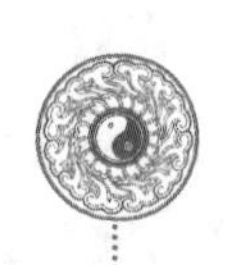

《说文》：“熯，乾儿，从火汉省声”。王肃训熯为火气，乃是引申义。

（三）从音韵学角度注释《周易》。王肃生活于东汉末年，去古渐远，语言文字变化已比较显著，在这种情况下，如何沟通古今语言，成了解释经传必须解决的问题。自《尔雅》《方言》《说文》问世以来，语言已随世变异，方言俗语也有同异。语言的变化，主要表现在语音的变化上。义随音转，只能因声求义，才能得到古代语言的底蕴。王肃重视从音韵的角度注释《周易》，专门著有《周易王氏音义注》。因声求义的释易方法主要是直音释易和反切释易，其中运用直音法的如：《泰》“初九，拔茅茹”注为“茹音如”。《观》象“大观在上”注为“观音官”。《夬》九二“壮于頯”注为“音龟”。《丰》九三“日中见沬”注为“音妹”。《井》“九五，井洌寒泉食”注为“洌音例”。《旅》上九象“丧牛于易，凶。”注为“易音义”。《中孚》六三“或鼓或罢”注为“罢，音皮”。《小过》（卦名）注为“音戈”。《既济》“六四，繻有衣袽”注为“繻，音须，袽，音如”。《系辞上》“鼓之以雷霆”注为“霆，音庭”。《系辞上》“掛一以象三”注为“掛音卦”。反切的例子很多如：《乾》象“大人造也。”注为“造，七到反”。《师》初六“否臧凶。”注为“方有反”。《同人》象“君子以类族辩物”注为“辩，卜免反”。《大有》“九二，大车以载”注为“车，刚除反”等等。《经典释文》保留了大量王肃的音释材料，在此不再罗列。

（四）根据意义、易例或参照诸本，校正补订。《周易》在流传中，错简、误讹情况十分严重。秦时，《周易》虽因卜筮之书而免于火灾，然而《易传》某些篇章却在战乱中遗失，直到汉初才失而复得。西汉扬雄曾对这一事实做过记载：“或曰，《易》损其一也，虽蠢知阙焉。”[①] 这就造成了《周易》订流传版本上的混乱。虽经西汉刘向以中古文校施、孟、梁丘易，东汉蔡邕订正定包括《周易》在内的六经文字，但仍有一些问题没有解决。受以上因素以及宋忠等重定五经教材的影响，王肃《周易注》有一些与现行版本不同的地方现列举如下：

① 汪荣宝撰，陈仲夫点校：《法言义疏·问神》，中华书局，1987年，第147页。

（一）王肃《易注》与今本相比有增字之处，具体如下：

1.《比》“六三，比之匪人。”《释文》云：“匪人，王肃作匪人凶。”

“比”有亲密比辅之义，从爻位关系上看，六三失位盲动，上无所应，所比者为二、四之阴，未得其阳刚之主，故有“比之匪人”之象。六三比之匪人，有凶象，王肃增字大概要警戒人们亲密比辅于行为不当的人，其结果必凶之意。

2.《随》彖“而天下随时，随时之义大矣哉。”《释文》云：“而天下随‘时’，王肃本作随‘之’。随‘时’之义，作随‘之’时义。”

《随》彖“而天下随时，随时之义大矣哉。”王肃作“而天下随之，随之时义大矣哉。”对此文句，历来有争议，有认同的，有反对的。如朱熹就赞同，在《周易本义》此条下云：“王肃本时，作之，今当从之。释卦辞，言能如是，则天下之所从也。”“王肃本时字在之字下，今当从之。”但姚配中于该文下注云：“虞翻曰：‘否乾上来之坤初，故刚来而下柔动震说兑也。’案：万物随阳以出，随阳以入，阳出为春夏，入为秋冬，万物随之消长，故大亨贞无咎，而天下随时，尧舜帅天下以仁，而民从之，桀纣帅天下以暴，而民从之，君之所为，百姓之所从也。故随时之义大矣哉。”又云：“君子以嚮晦入宴息，是随时，王肃本作随之，非是。”[1]就易经体例看，王肃增字有合理之处。《周易》中谈到“时义”的很多，没有卦名与“时义”连说的情况如“豫之时义大矣哉！”“颐之时义大矣哉！”“大过之时大矣哉！”“险之时用大矣哉！”“遁之时义大矣哉！”“睽之时用大矣哉！”“蹇之时用大矣哉！”“解之时用大矣哉。”“姤之时用大矣哉。”“革之时用大矣哉。”“旅之时用大矣哉。”从这些例子看，王肃的增字可能是要统一《彖传》的叹词，这样就更加严密。

3.《益》六三“告公用圭。”《释文》云：“用圭，王肃作用桓圭。”

圭，古代天子诸侯祭祀、朝聘时，卿大夫等执此以表示“信”。《集解》引九家易曰：“天子以尺二寸元圭事天，以九寸事地也。上公执桓圭九寸，诸侯执信圭七寸，诸伯执躬圭七寸，诸子执穀璧五寸，诸男执蒲璧五寸，五

① （清）姚配中：《周易姚氏学》，广文书局，1971年，第190页。

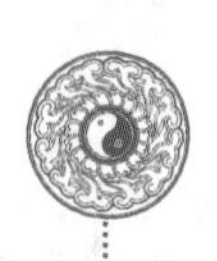

等诸侯各执以朝见天子也。”虞翻曰：“圭，桓圭也。”王肃特意标明是桓圭，有强调尊卑等级、礼法有序之义。

4.《渐》象“渐之进也，女归吉也。”《释文》云：“女归吉也，王肃本作女归吉利贞。”

归，女子出嫁之称，古代女子出嫁须备礼渐进，利于守正。《渐》象这句话全象之文来看是对卦辞“渐，女归吉也”的解释，下文“进得位，往有功也”，是释利字，“进以正，可以正邦也”，是释贞字，所以王肃增字之义与象原文之义不符，增字不当。

5.《渐》象“君子以居贤德善俗。”《释文》、《汉上易传》云：“善俗，王肃本作善风俗。”

从文字方面看，“居贤德善俗”与别的大象比较，显得不整齐，句子结构似有衍文或脱字。王肃增一“风”字结构上就显得完整、整齐了。

6.《说卦》“为香臭”《释文》：“为臭，王肃作为香臭。”

《说卦》：“巽，为臭。”臭，气味，即谓气味虽无形，却无处不入。臧琳认为“香字不当有，必肃所妄增，经传绝无香臭对言者，如《系辞》：其臭如兰。《书盘庚》：无起秽以自臭。《诗·文王》：无声无臭。《礼记·月令》：其臭膻，其臭香，其臭腥，其臭朽。《内则》：皆佩容臭。《大学》：如恶恶臭。《左传》僖四年：一薰一莸，十年尚犹臭。襄八年：君之臭味也。《论语·乡党》：臭恶不食。皆不与香字相对可证。李氏《集解》载虞翻注曰：‘臭，气也，风至知气，巽三入艮鼻，故为臭。系辞曰：‘其臭如兰。’《正义》曰：‘为臭，取其风气所发也。又取风之远闻于其人也。’皆是以纠肃谬。”[①]李振兴先生认为王肃增字为误，今从其说。

王肃除了增字外，还有增句子和改句子顺序各一例。《离》上九象曰：“王用出征，以正邦也。”《释文》云：“王用出征，以正邦也，王肃本此下更有‘获匪其丑，大有功也。’”君王出师征伐，以此端正邦国治理天下。王肃增加“获匪其丑，大有功也。”王肃的改法未有相同的。《需》象曰：“云上于天，需。”

① 李振兴：《王肃之经学》，嘉新水泥公司文化基金会出版，1981年，第110页。

《释文》云："云上于天，王肃本作云在天上。"《集解》引宋忠之言曰："云上于天，须时而降也。"《正义》云："不言天上有云，而言云上于天者，若是天上有云，无以见欲雨之义，故云云上于天，若言云上于天，是天之欲雨，待时而落，所以明需大惠，将施而盛德。"今本亦作"云上于天"，《正义》所言可视为解释王肃改字之失。由此也可以看出当时《周易》版本的混乱不一。

（二）与今本比，王肃本有改用其他字的情况。从总体上看，王肃对《周易》经传中的文字所作的考订和校勘有的是根据意义，有的是改用通假字，有的则从其他学者之说，其中有精当的，也有欠妥之处。

1.《乾·文言》"其唯愚（今本作圣）人乎。"《释文》云："王肃本作愚人，后结始作圣人。"

《文言》曰："亢之为言也，知进而不知退，知存而不知亡，知得而不知丧，其唯圣人乎？知进退存亡而不失其正者，其唯圣人乎！"王肃将第一个"圣"字改为"愚"字，对此后代学者多加批评，朱熹就曾说："王肃本两个圣人乎，一作其唯愚人乎。此必是他自改，所以乱说。"① 虽然有些学者不苟同于王肃的做法，但是从意义上理解，其说于义亦通。首先从句读方面考虑，古代文章没有句读，阅读者需自己体会揣摩，若断句不同，则其义亦异，王肃改字后，就不至于出现误读之事。再者从意义理解上看，前一句"知进而不知退，知存而不知亡，知得而不知丧"讲得是机械做事的人，此种人只会是愚钝之人，后一句，知道变通，能灵活依事变动，才是圣人，若作这样的理解，王肃的改字可通。

2.《屯》六三"即鹿无虞"《释文》云："鹿，王肃作麓，麓，山足也。"

李赓芸《炳烛编》云："李鼎祚《集解》，载虞翻注及应劭《风俗通》，皆以鹿为山足，作麓正字，作鹿古省。《春秋》僖十四年沙鹿崩，亦作鹿也。《魏志·王粲传》，《易》称即鹿无虞。"由此可知鹿、麓是古今字，王肃用的是今字。

3.《讼》"上九，或锡之鞶带，终朝三褫之。"《释文》云："鞶，徐云

① （宋）黎靖德编：《朱子语类》，中华书局，1986年，第1732页。

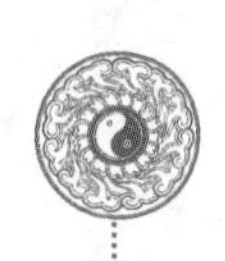

王肃作檠，褫，王肃云：解也，郑本作拕。”

鞶，革带也，《本义》：“命服之饰”即显贵的服饰。焦循《易通释》卷十七云：“按鞶带，《白虎通》分别甚明，所以必有绅带者，亦敬谨自约整也。缋缯为结于前，下垂三分，身半绅居二焉，此谓大带也。又云：男子所有鞶带者，亦有金革之事也。此谓革带也，鞶从革，其为革带无疑。”鞶，既为革带，当从革，王肃改为“檠”从意义上讲欠妥。

4.《师》九二象“承天宠”。《释文》云：“宠，王肃作龙，龙，宠也。郑康成曰：宠，光耀也。”

龙，宠亦为古今字。《诗·小雅·蓼萧》：“为龙为光。”《毛传》云：“龙，宠也。”《笺》云：“为宠为光，言天子恩泽光耀被及已也。”又《商颂·长发》：“何天之龙”，《笺》云：“龙，当作宠。”臧琳《经义杂记》：“考《大戴礼记》、卫将军文子引《诗》作何天之宠，足证《笺》义有本。”由此看来，王肃用的是古今字中的古字。

5.《观》（卦辞）“观盥而不荐。”《释文》云：“而不荐，王肃本作而观荐。”

盥是古代祭祀宗庙时用香酒浇灌地面以降神之礼。卦辞取祭祀典礼为喻，说明“仰观”之旨应取最庄严可观者；故当祭祀宗庙之时，须观初始盛美的降神礼，其后的献飨礼则可略而不观。王肃以“观”代“不”，或许是为了表明，不足观，而非不观。惠栋《周易述》于“观盥而不观荐”下注云：“观，反临也，以五阳观示坤民，故称观。盥，沃盥。荐，羞牲也。坎为水，坤为器，艮手（案《说卦》文）临坤，坎水沃之。盥之象也。故观盥而不观荐。马氏（融）谓盥者，进爵盥地，以降神也。祭祀之盛，莫过于初盥。及神降荐牲，其礼简略，不足观也。故孔子曰：‘禘，自既灌而往者，吾不欲观之矣。’”于《疏》中又引宣三年《公羊传》说配天之义云：“王者曷为必以其祖配？自内出者，无匹不行，南郊配天也。自外至者，无主不止，明堂配天也。明堂之配天地异馔，莫过于初盥也，禘行于春夏，物未成熟，荐礼独略，故云神降荐牲，其礼简略不足观也。《谷梁传》曰：‘常视曰视，非常曰观，灌礼非常，荐为常礼，故曰观盥而不观荐，吾不欲观，非不观也，所以明灌礼之特盛，与此释观盥而不观荐同义。”王肃以“观”代“不”则显然是强调虽降神荐牲之礼简略，亦应善始善终也，历来没有学者支持王肃的观点。

6.《离》象“百谷草木丽乎土”《释文》云：“乎土，王肃作地。”

洪颐煊《读书丛录》云：“离象，百谷草木丽乎土，《释文》王肃本作地。颐煊案：《初学记》卷二，《一切经音义》六引《易》，皆作丽乎地，《说文》麗字注引《易》曰：‘百谷草木丽于地，宋本《说文》作丽于地，皆同王肃本。”虞氏《易》亦作地，注曰：“震为百谷，巽为草木，坤为地，乾二五之坤成坎，震体屯（案：屯，震下坎上），屯者盈也，盈天地之间唯万物。（《序卦》文）万物出震。故百谷草木丽乎地。”可见王肃改字是从虞说。

7.《姤》“初六，系于金柅”，《释文》《正义》曰：“金柅之‘柅’，王肃作‘抳’从手，抳，织绩之器，妇人所用。”

柅，《说文》作檷，云络丝柎也。读若昵。段注：“柎，各本作檷，今依《易》《释文》《玉篇》《广韵》正，《释文》作趺，柎趺古今字，柎，咢足也，络丝柎者，若今络丝架子，姤初六系于金柅，九家易曰：‘丝系于柅，犹女系于男，故以喻初宜系二也。’”子夏传作镊，蜀才作尼。云：“止也。”柅是刹车器，止车之物，有牵制之义，以此喻初六须专一系应于九四。抳，织绩之器，从意义上看，改字不妥。

8.《大壮》九三“羸其角。”《释文》云：“羸，王肃作缧。”

《释文》云：“羸，律悲反，又力追反，下同。马云：‘大索也，徐力皮反，王肃作缧。音螺。郑虞作纍，蜀才作累。张作虆。”可知诸家各异，明显是假借字。由此也可以看出当时的版本很杂乱，没有一定的规范。

9.《大壮》上六象“不详也。”《释文》曰：“不详，王肃作祥，祥，善也。”

《大壮》上六象曰：“‘不能退，不能遂’，不能详。”详犹言周详审慎。《释文》云：“详，审也。郑、王肃作祥，善也。”《正义》云：“祥者善也，进退不定，非为善也，故云不祥也。”王肃改字是从郑说，于义亦通。

10.《睽》六三“其人天且劓”。《释文》：“劓，王肃作臲，鱼一反。”

《说文》：“劓，刑鼻也。从刀臬声。《易》曰：‘天且劓。’”劓与劓字同。臲与劓形近，臲，不安定也，劓，古代割鼻之刑，王肃改为臲，于义欠妥。

11.《升》象“君子以顺德。”《释文》《象旨决录》、朱子《本义》：“顺，

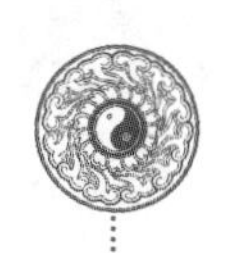

王肃作慎。”

《说卦》：“巽，为木为风。”巽德为顺，为入。从卦画上看，有地中生木之象。君子效法此卦“地中生木”之象，顺行其美德，积“小善”以成就高大的名望、事业。孙星衍《周易集解》引何妥曰：“君子慎习为先，修习道德，积其微小，以至高大。”又引史征：“案此义，顺字，恐当为慎也。”慎始才能善终，由此看王肃改字，有独到之处。

12.《困》：“九四来徐徐”。《释文》曰：“徐徐，王肃作余余。”

黄奭案：“余余犹荼荼，舒迟貌。《说文》云：‘余，语之舒也。’《尔雅·释诂》：‘余，我也。’孙炎云：‘余，舒迟之身也。’又《释文》：‘四月为余。’李巡云：‘四月万物皆生枝布叶，故曰余余，舒也，孙炎本‘余’作‘舒’云物之枝叶发舒。”来指四来应初；徐徐，迟疑缓行之状。九四以阳刚居上卦之始，欲来下应初六，但自身失正，前路为二所阻，犹如“困于金车”，故迟疑缓行。由《说文》可知，余有舒义。《说文》又有〓字，云：“二余也，读与余同。”段注：“《易》，困九四来徐徐，子夏作荼荼，王肃作余余，皆舒意也。许言〓之形，未言其义，举此以补之。”王肃改字，于义亦同。

13.《困》“九五，劓刖”。《释文》曰：“鶂鼿，今本作劓刖，荀、王肃作鶂鼿，不安貌。”

陈寿祺《左海经辨》云：“《易》，困九四劓刖，《释文》：‘荀、王肃本作鶂鼿，云不安貌，陆同。鼿郑云：劓刖当作倪伆，京作劓劊，《说文》：劊、断也。困上六于鶂卼，《释文》曰：‘劓，《说文》作臬刂，嶭同。’卼，《说文》作䵝，云䵝，不安也。嶭又作杌，字同。”寿祺案：“《说文》弟六下出部䵝槷，䵝，不安也，从出臬声，《易》曰：‘槷䵝’。槷字《说文》所无，当作槷，即木部槸字，弟四下刀部，臬刂，刖臬刂也，从刀臬声，《易》曰：‘天且臬刂’。（从小徐本，大徐本刖臬刂作刑鼻，今伪作刖鼻）劓臬刂，或从鼻。（臬刂，今伪臬，脱刀旁）槷䵝之槷，《说文》不作臬刂，《释文》尚未晰。《说文》弟十四下阜部隉，危也，班固说不安也。《周书》曰：邦之阢隉，读若虹蜺之蜺，郑易读倪伆，即此隉阢字，劓也，鶂鼿也，鶂卼也，臬刂杌也，槷䵝也，倪仉，隍阢也，古字并通，皆一声之转，而各有相合，《玉篇》鼿下云：‘亦鯢隍，则误混矣。’由困九四之‘来余余’，以及‘困九五之鯢鼿。’”由此可知鯢鼿，即劓刖，其义一也。

14.《艮》六二“不拯其随”王肃作“不承其随”。（此条为黄奭所辑。于“不承其随”下署晁氏）

《释文》为“承”字，曰：“音拯救之拯，马云‘举也’。”毛奇龄的《仲氏易》：“拯，抍也，上举也，与拼同。黄氏《韵会》引古易不拼其随，而丁氏《集韵》又别出承字，故陆德明本作承，从正拯、抍、承、拼同音同义，并无别释之验。”由此可知承与拯是通假字，拯通“承”，犹言“举步上承”。王肃改“承”无误。

15.《丰》上六象“自藏也。”《释文》《易窥余》：“自藏也，众家作戕。戕，残也。”

《释文》曰：“众家作戕，马、王肃云：残也。”王肃是从众家之说。

16.《系辞》上“乾知大始。”《释文》曰：“大音泰，王肃作泰”。

大与泰通，《说文通训定声》：“大，假借为泰。《谷梁传》桓、元：祭大山之邑也。”《释文》云：“大，亦作泰。”《荀子·富国篇》：“儒术成行，则天下大。”注：“大，读为泰，犹泰也。”可见王肃以大作泰，乃是假借泰为大也。

17.《系辞下》：“何以守位？曰仁。”《释文》，“何以守位？曰人。”（黄奭据卢刻经文所辑，马氏，孙氏据《释文》辑为“曰仁”，马国翰称《释文》曰人，王肃、卞伯玉、桓玄、明僧绍作“仁”，故马氏也辑为“仁”。）

这句话说明守持“盛位”必须依靠有贤仁品德的人。《集解》引宋忠曰：“守位当得上大夫，公侯有其人，贤，兼济天下。”洪颐煊《读书丛录》云：“案《汉书·食货志》《后汉书·蔡邕传》引皆作仁，《文选》张平子《东京赋》守位以仁，薛综作人。《礼记·礼运》：何以守位曰仁，《释文》亦作人。”尚秉和先生指出“‘仁’、‘人’古通”。通观“何以守为曰仁，何以聚人曰财”则此处作“人”正与“何以聚人”相承接。

18.《说卦》：“妙万物而为言者也。”《释文》：“妙，万物之妙，王

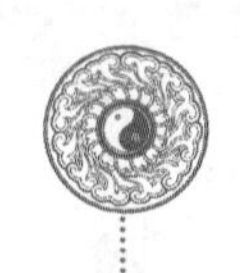

肃作眇。”

眇与“妙”通，《汉书·扬雄传》：“声之眇者，不可同于众人之耳。”师古曰：“眇读曰妙。”《惠栋》《九经古义》云：“妙，王肃作眇，音妙，董遇曰：‘眇，成也。’栋案：妙字近老庄语，后儒遂有真精妙合之说，当从王子雍本作眇。陆士衡《文赋》云：‘眇众虑而为言。’盖用《说卦》，不作妙字，此其证也。”王肃用眇亦可。

19.《杂卦》：“蛊则饬也。”《释文》：“则饬，王肃作饰。”（案孙堂、黄奭辑为“王肃本作饰”，马国翰辑为“王肃作节”。）

孙星衍《集解》引《释文》云：“饬，郑本、王肃作饰。案：唐《石经》亦作饰。”饬，指整治弊乱。《韩注》：“饬，整治也。蛊所以整治其事也。”王肃改为“饰”可能为形误。郑玄《易注》则饬作“节”，王肃或从郑说。

（三）王肃除了校勘字句外还注意句读和章节问题。

《蛊》初六“有子考。”《释文》云:“有子考无咎，周依马王肃，以考绝句。”对《蛊》初六:“干父之蛊，有子考无咎，厉终吉。”这句话的句读历来有争议，除了马融、王肃的这种读法外，王弼读为“有子，考无咎。”焦循读为“有子句考句无咎。”王肃的句读于亦义通。

关于分章问题，系辞传的分章，争议颇多，《正义》云：“诸儒释上篇所以分段，凡有一十二章，周氏云：天尊地卑为第一章，圣人设卦观象为第二章，彖者言乎象者为第三章，精气为物为第四章，显诸仁藏诸用为第五章，圣人有以见大卜之赜为第六章，初六藉用白茅为第七章，大衍之数为第八章，子曰知变化之道为第九章，天一地二为第十章，是故易有太极为第十一章，子曰书不尽言为第十二章。马融、荀爽、姚信等又分白茅章后取负且乘更为别章，成十三章，案白茅以下，历序诸卦，独分负且乘以为别章，义无所取也。虞翻分为十一章，合大衍之数并知变化之道，共为一章。案大衍一章，总明揲蓍策数及十有八变之事，首尾相连。其知变化之道以下，别明知神及微几之事，全与大衍章义不类，何得合为一章，今从先儒以十二章为定。”《文选》卷二十四，潘安仁《为贾谧赠陆绩诗注》卷三十六，任彦昇《宣德皇后令注》引王肃易注《系辞上》：“是故，易有太极，是生两仪。此章首独言是故者，总众章之意。（《释文》）两仪，天地也。”王肃这样分章与周氏同。

（四）王肃对《周易》的校勘、考订也参照了当时诸多易本，如《复》初九“无祇悔。”的“祇”作“禔”同于孟喜；《需》“九三，需于泥，致寇至。”的“寇”，作“戎”同于郑玄；《丰》上六象“天际翔”之“翔”，作“祥”同于郑玄；《系辞上》“而成位乎其中矣。”王肃作“而易成位乎其中。”增一“易”字，同于马融；《说卦》“水火不相逮”王肃无“不”字同于郑玄、宋忠等诸家；《晋》六五“失得勿恤”的“失”作“矢”同于孟喜、马融、郑玄、虞翻；《艮》九三“厉薰心”的“薰”作“熏”同于孟喜、京房、马融（见朱震《汉上易传》）；《睽》上九“后说之弧。”的“弧”作“壶”同于京房、马融、郑玄；《困》九五“劓刖”作“臲卼”同于荀爽；《离》象“百谷草木丽乎土”的“土”作“地”同于虞翻。从与其他版本的比较来看，王肃使用了与他本相同的文字，证明了王氏治易博采众家；但又与他本不尽相同，说明王氏治易有自己的见解，不妄从，有自己校勘考订的原则。

总之，以训诂释易是王肃易学的重要组成部分，对于王肃易学发展和流传产生深远的影响，其校勘考订不乏独到之处，值得肯定。

第二节　以义理释易

王肃生活在三国时期，他看到了自西汉以来专以象数治易存在的问题，同时受宋忠治学影响，适应要求变革的时代思潮，与以往的易学家相比，其《易注》的义理化特点很显著。在坚持以义理解易的原则下，王肃《易注》表现出以传解经、重义理轻象数、不废互体的特点。

首先以易解易，王肃继承了费直的以《十翼》说经的传统，依彖传、说卦传等释易。如：

1.《乾》“上九，亢龙有悔。”注为“穷高曰亢，知进忘退，故悔也。”

王肃释易明显依据《乾·文言》的注释（具体见《乾·文言》）。清李道平《周易集解纂疏》（以下简称《纂疏》）述王肃之义说：“王注以阳刚

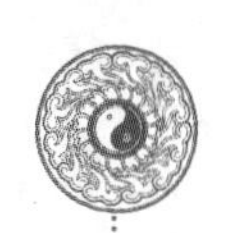

之爻处极上之位，高亢极矣，故曰穷高。九四处上之下，犹如进退，上九居上之上，故知进忘退，知进退，故无咎，知进而不知退，故有悔，《系》上曰：'震无咎者，存乎悔。'明当变之正也。"这进一步解释了王肃的依传释易。

2.《乾.文言》"云从龙，风从虎。"注为"龙举而景云属，虎啸而谷风生。"

《乾·文言》九五曰："'飞龙在天，利见大人'，何谓也？子曰：同声相应，同气相求；水流湿，火就燥，云从龙，风从虎……"王肃依《文言》注明事物的相互感应作用。正如《集解》引虞翻所言："乾为龙，云生天，故从龙也。坤为虎，风生地，故从虎也。"

3.《坤》，（卦辞）"西南得朋，东北丧朋。"注为"西南阴类，故得朋，东北阳类，故丧朋。"

以八纯卦之卦位言，坤为西南，艮为东北。(见《说卦》)彖曰："西南得朋，乃与类行。"故王肃以"同性"为朋。这种观点后代学者有支持者，唐史征《周易口诀义》云："西南得朋者，西南坤位，是阴也。东北丧朋者，东北艮位是阳位也。"王引之《经义述闻》："一曰西南未方，东北丑方也，《汉书·律历志》曰：林钟、未之冲，丑为地，正纽于阳。东北丑位，易曰：东北丧朋，乃终有庆，答应之道也。魏博士秦静议曰：坤为土，土为西南，盛德在未，易曰：坤利西南得朋，东北丧朋，丑者土之终，终而复始，乃终有庆。"但是也有以"异性"为朋的说法（见尚秉和《周易尚氏学》），于义亦通。

4.《坤》六五象"黄裳元吉，文在中也。"注为"坤为文，五在中，故曰文在中也。"

《说卦》曰："坤为文。"《楚语》曰："地事文。"韦昭注云："地质柔顺故文。"故云文在中也，五居上卦之中，《文言》曰："美在其中。"可见王肃是依靠《说卦》《文言》等释之。

5.《讼》象"终凶，讼不可成也。"注为"以讼成功者，终必凶也。"

此句是以上九"争讼"穷极难成，释卦辞"终凶"。《讼》上九象曰："以讼受服，亦不足敬也。"由争讼而受赏官禄，是不值得尊敬的，不值得尊敬就会失人心，必然会有咎害，王肃引申了象传之义。

6.《比》初六"有孚盈缶。"注为"缶者，下民质素之器。"

缶，大肚小口的瓦器。《说文》：“缶，瓦器，所以盛酒浆。”缶为瓦器，以土为之，用以盛酒浆也。（见《说文》缶部）“坤，为地为众”，（见《说卦》）为地，即土地，能容民养民；为众，即下民。从这里可以看出以“盈缶”喻九五信德充盈天下，王肃以传释经。

7.《贲》“六五，贲于丘园，束帛戋戋。”注为“失位无应，隐处丘园，盖蒙暗之人，道德弥明，必有束帛之聘也。戋戋，委积之貌也。”

《贲》，下离（☲）上艮（☶），六五阴居阳位，又下无所应，故肃注为“失位无应”。二四互体为坎，坎为隐伏，艮为山，《集解》引虞翻曰：“艮为山，五半山，故称丘。”艮为果蓏（《说卦》文），果蓏称园，六五不当位，面临山林园圃，故肃注为“隐处丘园”，表明隐逸之象。德行高尚之士，必修其德，故其德行昭著，可持“束帛”礼聘贤士。《释文》引马融曰：“戋戋，委积之貌。”王肃从马融之说。

8.《咸》彖“天地感而万物化生，圣人感人心，而天下和平。”注为“万物感阳而化生，民感圣人之政而天下和平。”

《序卦》云：“有天地，然后万物生焉。”万物是因天地感生而后生的，“有天地然后有万物，有万物然后有男女，有男女然后有夫妇，有夫妇然后有父子，有父子然后有君臣，有君臣然后有上下，有上下然后礼义有所错。”人类有了君臣、上下的尊卑之礼，犹如“圣人”以礼乐感化下民，移风易俗，故“天下和平”。

9.《咸》九四“憧憧往来，朋从尔思。”注为“憧憧，往来不绝貌。”

《咸》九四爻辞为：“贞吉悔亡，憧憧往来，朋从尔思。”九四以阳居阴位，本有“失正”之悔，但阳居阴位有谦退之象，犹能趋正自守，与所应之初六以诚相待，故获“吉”而“悔亡”。九四之初六为“来”，初六之九四为“往”，故云“憧憧往来”。（易例，之内曰来，之外曰往）《系辞下》云：“《易》曰：‘憧憧往来，朋从尔思。’子曰：‘天下何思何虑，天下同归而殊途，一致而百虑。天下何思何虑，日往则月来，月往则日来，日月相推而明生焉。寒往则暑来，暑往则寒来，寒暑相推，而岁成焉，往者屈，来者信也。屈信相感，而利生焉。尺蠖之屈，以求信也，龙蛇之蛰，以存身也。’”这里说明了往来屈伸相感之理，

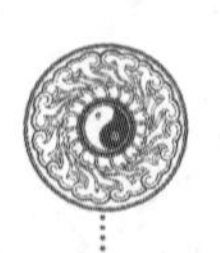

王肃依《系辞》立言明矣。

10.《未济》象“小狐汔济。”注为“坎为水为险，为隐伏，物之在险，穴居隐伏，往来水间者狐也。”

《未济》卦，下坎（䷜）上离（䷝），《说卦》“坎，为水，为险，为隐伏”，可知王肃所据。

其次，以事理说易，多从人事物理的角度阐释易理。如：

1.《乾》文言“水流湿，火就燥。”注为“水之性润万物而退下，火之性炎上盛而升上。”

水性润下，火性炎上，王肃以水火的自然本性来解释。

2.《讼》九二象“自下讼以上，患至掇也。”注为“掇，若手拾物然。”

九二居下与尊上争讼，遭受患害非常容易，王肃从人之常情的角度解释。《集解》引荀爽说：“下与上争，即取患害，如拾掇小物而不失也。”《纂疏》云：“以下讼上，尊卑失序，其取患害，如掇小物，言至易也。”王肃正是此义。

3.《贲》“初九，贲其趾，舍车而徒。”注为“在下故称趾，既舍其车，又饰其趾，是徒步也。”

初九处《贲》之始，位处卑下故“贲其趾”，六二升高故“贲其须”对看，贲饰的部位随着卦位的升高而升高。王肃近取诸身，释为“在下称趾”。又从事理角度推理“既舍其车，又饰其趾”则“是有徒步”之象，注释简洁明了。

4.《复》六二象“休复之吉，以下仁也。”注为“下附于仁。”

六二当阳复之时，柔中居正，下比初九，犹如亲仁下贤。“下附于仁”谓六二下比阳爻初九也。惠栋《周易述》云：“初为仁，谓下于初。疏：初为元，文言曰：‘元者，善之长也。’又曰：‘君子体仁足以长人。’故知初为仁。”姚氏学云：“下仁，谓初，初元伏，故曰仁，善之长也。”乾元为仁，即为初九，六二在初上，下而顺附于阳，故肃释“下附于仁”精当。

5.《遁》六二“执之用黄牛之革，莫之胜说”注为“说，解说也。”

说通脱，肃释“解说也”即为解脱。六二柔顺中正，上应九五之“尊”，犹如身有所系，势不能“遁”，故取被牛革束缚，难以解脱来比喻。王肃就喻言理，仅从譬喻的事理上注释。

6.《大壮》“六五，丧羊于易，无悔。”注为“易，畔也。”

易通“埸”，即田畔；《释文》：“陆作‘埸’，谓‘疆埸’也。”《本义》：“《汉书·食货志》‘埸’作易，《来氏易注》：‘易，即埸，田畔地也。”此处以刚壮之羊丧失于田畔，比喻六五处“壮”已过之时。王肃释“畔”甚为精当。

7.《明夷》象“内文明而外柔顺，以蒙大难，文王以之。”注为“唯文王能用之。”

《明夷》象征“光明殒伤”，就如内含文明美德，外呈柔顺情态，以此蒙受巨大的患难，周文王就是用这种方法渡过危难的。王肃就人事说理。

8.《家人》彖“家人有严君焉，父母之谓也。父父、子子、兄兄、弟弟、夫夫、妇妇，而家道正，正家而天下定矣。”注为“凡男女所以各得其正者，由家人有严君也。家人有严君，故父子，夫妇各得其正，家家咸正，而天下之治大定矣。”

王肃从事理角度，推理了“严君”与“正家”“天下定”的逻辑关系。家中尊卑有序，长幼有节，父父子子各尽其责，则家正，家正则天下遂治。正如《大学》所言：“古之欲明明德于天下者，先治其国；欲治其国者，先齐其家；欲齐其家者，先修其身；……身修而后家齐，家齐而后国治，国治而后天下平。”[①]

9.《蹇》彖“往得中也。”注为“中，适也。”（《释文》）

朱熹在《中庸章句》中说“中庸者，不偏不倚，无过不及，而平常之理，乃天命所当然，精微之极致也。”由此可知要做到“中”，就必须把握适度原则，“不偏不倚，无过不及”。王肃从事理角度释“中”恰当。

10.《解》“九四，解而拇，朋至斯孚。”注为“拇，手大指。”

九四阳居阴位，下比六三，为之所附，犹如拇受患，妨碍其与初六相应，故须“解”其“拇”。王肃释“拇，手大指。”虽然以事理解之，但是从卦义上看，其释为误。因为六三附系九四，六三在九四之下，为足趾之象，故“拇”

① （宋）朱熹：《四书章句集注》，中华书局，1983年，第3-4页。

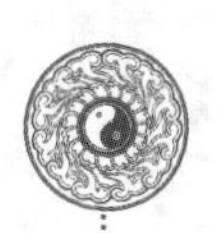

应释为“足趾”。崔应榴《吾亦庐稿》云：“陆绩云：‘足大指。’曰：‘解九四体震，震为足，三在足下，拇之象，王肃曰手大指。’愚案：咸卦，咸其拇，马融、郑玄皆云足大指也，虞翻亦云足大指，坤为拇，故咸其拇，则王肃之说非也。拇，《集解》引子夏作踇。”崔氏分析确然。

11.《萃》象“君子以除戎器戒不虞。”注为“除，犹修治。”

萃，聚也，事物久“聚”必生变乱，人情久“聚”或萌异心，所以君子观《萃》之象悟知应当修治兵器，戒备群聚所生的不测变乱。王肃以忧患的意识释“除”，较之郑玄的“除，除去也”更为合理。

12.《涣》九五“涣汗其大号。”注为“王者出令，不可复返，喻如身中汗出不可返也。”

九五尊居“君位”，故王肃释为“王者”，君王作为尊者，“君无戏言”，所发的号令当如“发汗”一样出而不反。九家易曰：“谓五建二为诸侯，使天下君国，古宣布号令，百姓被泽，若汗之出身部还返也。”《汉书·刘向传》其上封事云：“易曰：‘涣汗其号。’言号令如汗，汗出而不返者也。”江藩《周易补述注》：“号，令也，言号令如汗，汗出而不返者也。”以上材料都可以证明王肃之释有理可据。

13.《系辞上》“《易》与天地准，故能弥纶天地之道。”注为“弥纶，缠裹也。”

《易》准于天地，故能尽涵天地之道。王肃释“弥纶”为缠裹，缠，即范围，裹，即包容，其义为易道能范围，包容天地之道。王肃之说，王引之以为不当，在《经义述闻》中曰：“易与天地准，故能弥纶天地之道。京房注曰：‘弥，遍也。纶，知也。’引之谨案：纶读曰论，《大戴礼·保傅传篇》：‘不论先圣王之德，不知君国畜民之道。’论，亦知也。《荀子·解蔽篇》：‘坐于室而见四海，处于今而论久远。’论久远，知久远也。《吕氏春秋·直谏篇》：‘凡国之存也，主之安也，必有以也。不知所以，虽存必亡，虽安必危，所以不可不论也。’《淮南子·说山篇》：‘以小明大，以近论远。’高注并曰：‘论，之也。’古字多借纶为论。屯卦传：‘君子以经论中庸，经论天下之大经。’《释文》并曰：‘论，亦作纶。’《乐记》：‘使其文足论而不息’。《史记·乐书》：

论作纶。《说文》曰：‘惀，欲知之貌，声义亦与论同’。下文曰：‘仰以观于天文，俯以察于地理，是故知幽明之故，原始反终，故知生死之说，精气为物，游魂为变，是故知鬼神之情状。’正所谓遍知天下之道也。若王肃训纶为裹，虞翻训纶为络，孔颖达训弥纶为弥缝补合，经纶牵引，望文生义，胥失之矣。”王引之据古书立说，认为“弥纶天地之道”，释为“遍知天地之道”，固然合理，但王肃以易能范围、包容天地之道，笔者认为于义亦通。

再者，王肃注易除了重视义理外，没有尽废象数，他也讲象数，多以本象来说本卦，如：

1.《噬嗑》“九四，噬乾脯（今作胏）得金矢，利艰贞，吉。”注为“四体离，阴卦，骨之象，骨在乾，肉脯之象，金矢，所以获野禽以食之，反得金矢，君子于味，必思其毒，于利，必备其难。”

《噬嗑》卦，下震（☳）上离（☲），九四居上卦离之下，故肃释“四体离”。离为“中女”，故云“阴卦”。以阳爻居阴卦，故有“骨之象”。《释文》引马融曰：“有骨谓之胏。”肃从马说，故云肉脯之象。《说卦》云：“离，为乾卦”，故云骨在乾。焦循《易通释》云：“案《说卦传》：乾为金，凡经称金，皆为乾也。”故云“金”矢，又《说卦》云：“离为雉。”故云野禽。君子于味，必思其毒，因金矢为毒害之物故也。于利必备其难者，乃言“利，艰贞吉”也。可见王肃讲象数多依据本经立言。

2.《贲》（卦名）注为“有文饰，黄白色。”

《贲》卦，下离（☲）上艮（☶），离为火，艮为山，山下有火，其色黄白，有黄有白，是亦文饰之义，可知王肃是以卦象立言。

3.《剥》“六四，剥床以肤。”注为“在下而安人者床也，在上而处者人也。坤以象床，艮以象人，床剥尽以及人身，为败滋深，害莫甚焉。故剥床以肤凶也。”

《剥》卦，下坤（☷）上艮（☶），剥为剥落之意。坤，为地，故王肃以床象之，艮，为少男，王氏以人象之。床剥尽以及人身，其凶可见。王肃以实象释之，切近情理。

4.《习坎》初六“入于坎窞，凶。”注为“窞，坎底也。”

《坎》卦，上下皆坎（☵），习，为重叠之义，两坎重叠，为习坎。初

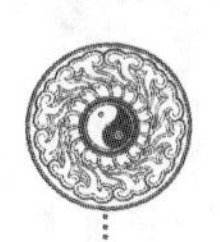

六以阴处重坎之下，柔弱失正，难以出险，故有“坎窞”。王肃以卦象言，初六处陷中之陷，即陷之深者也。故释为“坎底也”。

5.《大壮》（卦名）注为“壮，盛也。”

《大壮》卦，下乾（☰）上震（☳），乾为纯阳卦，震亦为阳卦，四阳盛长，《大壮》彖曰：“大壮，大者壮也。刚以动，故壮。”从本象上看，四阳渐盛，故肃释“壮，盛也。”

6.《离》象“明两作，离，大人以继，明照于四方。”注为“两离相续，明之义也。”

离卦，上下皆离（☲），《说卦》“离，为火，为日”，故肃注“两离相续，明之义也。”

7.《渐》“六二，鸿渐于磐，饮食衎衎，吉。”注为“衎衎，宽饶之貌。”

磐是磐石，六二“渐进”得位，柔中应五，犹如鸿鸟飞至磐石上，可安然得食，故获吉祥。与初六“鸿渐于干”（干指水涯）相比，磐石高于水涯，有宽饶之貌，可知王肃以本象释卦。

8.《中孚》象“利涉大川，乘木舟虚也。”注为“中孚之象，外实内虚，有似可乘虚木之舟也。”

《中孚》卦，下兑（☱）上巽（☴），巽为木，这里指为舟，兑为泽，故有“乘木舟”之象。其中，四阳在外为实，二阴在内为虚，为中虚之“舟”象。故肃注“有似可乘之虚木舟也”。王弼注云：“乘木于川舟之虚，则终已无溺也，用中孚以涉难，若乘木舟虚也。”与王肃之义同。

除了重义理，讲象数外，王肃未尽废互体。互体起源于春秋，《左传》庄公二十二年“周史有以《周易》见陈侯者，陈侯使筮之，遇《观》之《否》，曰：‘坤土也，巽风也，乾天也。风为天于土上，山也。’杜预注：‘自二至四有艮象，艮为山。’”此是关于使用互体法的最早记载。一般来说，在易学上，互体指《易》卦六爻之间，除了初爻、上爻外，中四爻又有相连互交的卦，即二、三、四爻合成一个三画卦，称为“下互”，三、四、五爻又合成一个三画卦，称“上互”，这样组成的三画卦就是互体卦。若“上互”“下互”再相组合，便构成另一个六画卦。

王肃注《易》时，亦间采互体，如《噬嗑》上九象“何校灭耳，聪不明也。”注为“言其聪之不明也。”《噬嗑》卦，下震(☳)上离(☲)，“聪”为耳，(《荀子·性恶》云：“目明而耳聪。”)据《说卦》坎为耳，故这里是互体。又如《损》“上九，弗损益之，无咎贞吉。利有攸往，得臣无家。”注为“处损之极，损极则益，故曰不损益之，非无咎也。为下所益，故无咎。据五应三，三阴上附，外内相应，上下交接，正吉也，故利有攸往矣。刚阳居上，群下共臣，故曰得臣矣。得臣则万方一轨，故无家矣。”《损》卦，下兑（☱）上艮（☶），上九失位本应有咎害，但为下所益，故得无咎。九三近据五，正应于三，三五互体为坤，故“三阴上附”。上九阳刚居上卦之终，下临互体坤，故“群下共臣”，为得臣之象。再如《贲》“六五，贲于丘园，束帛戋戋。”注为“失位无应，隐处丘园，盖蒙暗之人，道德弥明，必有束帛之聘也。戋戋，委积之貌也。”《贲》，下离（☲）上艮（☶），六五阴居阳位，又下无所应，故肃注为“失位无应”。二四互体为坎，坎为隐伏，故释为“隐处”。

值得注意的是，王肃不仅视二三四、三四五为互体卦，还将上下卦也看作互体。如《睽》上九：“后说之弧。”王肃注为“弧，王肃作壶，谓三五离大腹似壶。”（《释文》）《睽》卦，下兑（☱）上离（☲），“三五”应指的是互体坎，但王肃释“三五离”，显然是把上卦离看作互体，“三五”犹指“互体”，离，中爻为阴，阴为虚，离为“大腹”（《说卦》文），故“似壶”。

通过考察王肃注《易》方法，可以证实黄寿祺先生的观点确然。他认为王肃注《易》“皆本象以立说，且不废互体，与《左传》合，较辅嗣之扫象废互、只演空理者区以别之矣。”[①] 由此看来，朱伯崑认为王肃“不讲互体”[②] 的观点为误。

总之在坚持以义理解易的原则下，王肃采用以易解易、以事理说易等方法注《易》。同时王肃也讲象数，其讲象多以本象说本卦。除此之外，他不废互体，较之王弼的尽废互体而言，是象数易向义理易的过渡。

---

① 黄寿祺著，张善文点校：《易学群书平议》，北京师范大学出版社，1988年，第5页。

② 朱伯崑：《易学哲学史》中册，北京大学出版社，1986年，第237页。

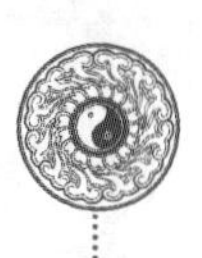

第三节 以爻位释易

爻位法是以爻所居位置及其相互之间关系的一种释易方法。六十四卦每卦各有六爻,分处六级高低不同的等次,象征事物发展过程中所处的或上或下、或贵或贱的地位、条件、身份等。除了六爻爻位外，六爻之间也存在相互作用的关系，由于诸爻位次、性质、远近距离等因素，常常反映出承乘比应的复杂现象。王肃吸收了历代治易的这些体例，以爻位释易。

(一)得位、失位,六爻位次,有奇偶之分,初、三、五为奇位,亦称阳位;二、四、上为偶位,亦称阴位。六十四卦三百八十四爻,凡阳爻居阳位,阴爻居阴位,谓之得位、当位或得正;凡阳爻居阴位,阴爻居阳位,谓之失位、不当位或失正。如:

《小过》彖“‘不宜上，宜下，大吉’，上逆而下顺也。”注为“四五失位，故曰上逆，三得正，故曰下顺也。”《小过》卦，下艮（☶）上震（☳），九四阳居阴位，六五阴居阳位，皆不得位，故肃释为“四五失位，故曰上逆”。六二阴居阴位,九三阳居阳位,皆当位故释为“得正”,六五居九四之上,故“上逆”，六二居九三之下，故“下顺”。

《贲》“六五，贲于丘园，束帛戋戋。”注为“失位无应，隐处丘园，盖蒙暗之人，道德弥明，必有束帛之聘也。戋戋，委积之貌也。”《贲》卦，下离（☲）上艮（☶），六五阴居阳位，故释“失位”。

《归妹》彖“无攸利，柔乘刚也。”注为“以征则有不正之凶，以处，则有乘刚之逆也。故无所利矣。”《归妹》卦，下兑（☱）上震（☳），六三、六五均为阴居阳位，皆不当位，故“以征则有不正之凶”。

（二）中，六爻所居位次，第二爻在下卦三爻的中位，第五爻在上卦三爻的中位，这两者象征事物守持中道、行为不偏，《易》例称为中。古人崇尚中德，故《周易》六十四卦二五两爻多吉辞。根据《易传》诠释，阴阳爻居中者谓得中道、得中，不居中者谓失中。阳爻居中位，象征“刚中”之德，称“刚得中”，阴爻居中位，象征“柔中”之德，称“阴得中”。如果阴爻处二位（阴位），阳爻处五位（阳位），则是既中且正，称为中正，这在《易》爻中最具美善的象征。王肃继承了《易传》得中位说。如：

《坤》六五象“黄裳元吉，文在中也。”注为“坤为文，五在中，故曰文在中也。”《坤》卦，上下皆坤（☷），六五居上卦之中，故“五在中”，《文言》：“美在其中。”六五居中，有“柔中”之美德，故云“文在中也。”

《讼》九五象曰：“讼元吉，以中正也。”注为“以中正之德，齐乖争之俗，元吉也。”讼卦，上乾（☰）下坎（☵），险而健，争讼之象。六爻中，五爻不正，唯九五既中又正，当能为讼之主，故能“齐乖争之俗，元吉也。”正如《正义》所言：“用其中正，以断枉直，中则不过，正则不邪，刚元所溺，公无所偏，故讼元吉。”中正具有最美善的象征，故能如此。《纂疏》亦云：“上下五爻皆不得位，惟九五既中且正，故以九五中正之德，齐上下乖争之俗，是以元吉也。”亦能释王肃之义。

《中孚》彖曰：“中孚，柔在内而刚得中，说而巽孚。”注为“三四在内，二五得中，兑说而巽顺，故孚也。”《中孚》卦，为下兑（☱）上巽（☴），六三在下卦之上，六四在上卦之下，二爻为阴，皆柔，故释为“三四在内”。九二、九五，皆居中位，皆有刚中之德，故“二五得中”。

《既济》六二象曰：“七日得，以中道也。”注为“体柔应五，履顺承刚，妇人之义也。髴，首饰，坎为盗，离为妇，丧其髴，邻于盗也。勿逐自得，履中道也。二五相应，故七日得也。”《既济》卦，下离（☲）上坎（☵），六二以阴居中，上应九五阳刚，以阴爻处二位，有中正之美德，故释“履中道也”。

（三）应，凡六爻之间，处在下卦的三爻与处在上卦的三爻皆两两交感对应，叫作“应”爻。具体说，就是初爻与四爻交应，二爻与五爻交应，三爻与上爻交应。对应之爻一阴一阳的，可以两相交感，称为“有应”；如果两者俱为阴爻，或俱为阳爻，必不能交感，称为“无应”。这种“有应”“无应”之例，与现代物理学中“同性相排斥，异性相吸引”的法则十分类似。爻位对应的关系，象征事物矛盾、对立面存在着谐和、统一的运动规律。应本之

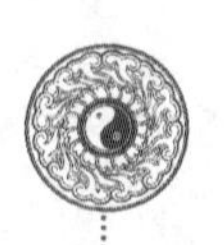

于天地相感应。《乾凿度》云："动于地之下，则应于天之下；动于地之中，则应于天之中；动于地之上，则应于天之上。"《稽览图》云："所谓应者，地上有阴，而天上有阳，曰应，俱阴曰罔。地上有阳，而天上有阴曰应，俱阳则罔。"王肃继承这种易例之说。如：

《贲》"六五，贲于丘园，束帛戋戋。"注为"失位无应，隐处丘园，盖蒙暗之人，道德弥明，必有束帛之聘也。戋戋，委积之貌也。"《贲》卦，下离（☲）上艮（☶），六五阴居阳位，二爻为阴，下无应援，故释"无应"。

《颐》"六二，颠颐，拂经于丘，颐征凶。"注为"养下曰颠，拂，违也。经，常也。丘小山。谓六五也。二宜应五，反下养初，岂非颠颐违常于五也。故曰拂经于丘矣。拂经遂阻常理养下，故谓养贤。上既无应，征必凶，故曰征凶。"《颐》卦，下震（☳）上艮（☶），二本于五相应，故释"二宜应五"，但，六二与六五，君为阴爻，"同性"无应，故释"上既无应，征必凶，故曰征凶。"

《损》"上九，弗损益之，无咎贞吉。利有攸往，得臣无家。"注为"处损之极，损极则益，故曰不损益之，非无咎也。为下所益，故无咎。据五应三，三阴上附，外内相应，上下交接，正吉也，故利有攸往矣。刚阳居上，群下共臣，故曰得臣矣。得臣则万方一轨，故无家矣。"《损》卦，下兑（☱）上艮（☶），上九与六三交应，六三居下卦（内卦），上九处上卦（外挂），故释"外内相应，上下交接，正吉也。"

《萃》"六二，引吉，无咎。"注为"六二与九五相应，俱履贞正，引，由迎也，为吉所迎，何咎之有。"《萃》卦，下坤（☷）上兑（☱），九五阳居尊位，居中得正，六二居中，亦有中正之道。六二与九五正应，故"六二与九五相应，俱履贞正"。

《既济》六二象曰："七日得，以中道也。"注为"体柔应五，履顺承刚，妇人之义也。髴，首饰，坎为盗，离为妇，丧其髴，邻于盗也。勿逐自得，履中道也。二五相应，故七日得也。"《既济》卦，下离（☲）上坎（☵），六二阴柔，上应九五阳刚，阴柔为顺，应九五为承刚，故"体柔应五，履顺承刚"，二顺五刚，此为妇人之义。

（四）乘，有乘凌之意。《小尔雅·广言》："乘，凌也。"凡上爻高凌下爻叫作“乘”，就是以上凌下的意思。易例以阴爻乘阳爻为“乘刚”，象征弱者乘凌强者、“小人”乘凌“君子”，爻义多不吉善。古人多认为，阳为尊贵于上，阴为卑贱于下，阳上阴下符合天道及与此相关的古代等级观念，故表现在易学中，阳爻居阴爻之上为“承”，而阴爻居阳爻之上则为“乘”，由此可以看出《周易》“扶阳抑阴”的思想。《易传》最先用“乘”这个带有深刻社会意义的概念诠释易学中阴爻居阳爻之上的这种现象。如《夬》一阴居五阳之上，《夬》彖云：“‘扬于王庭’，柔乘五刚也。”《屯》六二阴爻居初九阳爻之上，释六二象云：“六二之难，乘刚也。”

王肃也用“乘”注《易》，如《归妹》彖“无攸利，柔乘刚也。”注为“以征则有不正之凶，以处则有乘刚之逆也。故无所利矣。”《归妹》卦，下兑（☱）上震（☳），六三居九二之上，以阴柔乘凌阳刚，故“以处则有乘刚之逆也”。六三以阴居阳位，又乘凌阳刚，则为名不正也，名不正则言不顺，言不顺则事不成，故“无所利矣”；又如《小过》彖“‘不宜上，宜下，大吉’，上逆二下顺也。”注为“四五失位，故曰上逆，三得正，故曰下顺也。”《小过》卦，下艮（☶）上震（☳），六五阴爻居九四阳爻之上，承刚也，故“上逆”。

（五）承，凡下爻紧靠上爻叫作“承”，就是以下承上的意思。易例侧重揭示阴爻上承阳爻的意思，即象征卑微、柔弱者顺承尊高、刚强者，求获援助，所以阴爻居阳爻之下曰“承”。承，有顺从之义，一般而言，以阴阳“当位”之爻相承为吉，“不当位”的相承多凶。《易传》多用“承”例释易，如《蛊》初六象云：“‘干父之蛊’，意承考也。”《蛊》六五象云：“‘干父之用誉’，承以德。”等。

王肃也用“承”例释易，如《既济》六二象曰：“七日得，以中道也。”注为“体柔应五，履顺承刚，妇人之义也。髴，首饰，坎为盗，离为妇，丧其髴，邻于盗也。勿逐自得，履中道也。二五相应，故七日得也。”《既济》卦，下离（☲）上坎（☵），六二居九三之下，故“承刚”；又如《小过》彖“‘不宜上，宜下，大吉’，上逆二下顺也。”注为“四五失位，故曰上逆，三得正，故曰下顺也。”《小过》卦，下艮（☶）上震（☳），六二阴爻处九三之下，为阴柔顺承阳刚，“三得正”，故“下顺”。

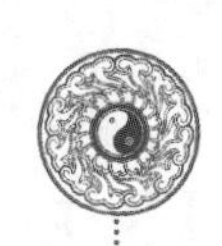

（六）据，易学史上，“据”之辞最早见于《周易》古经，《困》六三云：“困于石，据于蒺藜。”《系辞》云：“非所困而困，名必辱。非所据而据，身必危。”据，为占有、处于之义。易学上，“据”与“承”是一个问题两个方面，皆指阳爻在阴爻之上，但视角不同。“据”是就阳爻而言的，阳爻在阴爻之上，阳爻占有阴爻谓之“据”。“承”是就阴爻而言的，阴爻在阳爻之下，阴爻顺承阳爻谓之“承”，如：

《损》“上九，弗损益之，无咎贞吉。利有攸往，得臣无家。”肃注为“处损之极，损极则益，故曰不损益之，非无咎也。为下所益，故无咎。据五应三，三阴上附，外内相应，上下交接，正吉也，故利有攸往矣。刚阳居上，群下共臣，故曰得臣矣。得臣则万方一轨，故无家矣。”《损》卦，下兑（☱）上艮（☶），上九阳居六五之上，以阳爻占有阴爻，故释“据五”。

（七）处、出，下卦又称内卦，象征“处”；上卦又称外卦，象征“出”。《明卦适变通爻》曰：“内外者，出处之象也。”[①] 即指上下卦的关系。

王肃注《易》，也略微涉及了这一易例。《归妹》象“无攸利，柔乘刚也。”注为“以征则有不正之凶，以处，则有乘刚之逆也。故无所利矣”；《归妹》卦，下兑（☱）上震（☳），六三居下兑之上，阴居阳位，居为不正，故处内卦，有阴柔乘凌阳刚之“逆”。“以处”即言居内卦也。

从现存的易学典籍看，以易例注《易》，是很多易学家均采用的方法之一，京房、马融、荀爽、虞翻、郑玄等皆使用过爻位注《易》，可见，王肃治易，多继承前代研究成果，并非特别好立异。

第四节　以礼释易和以史释易

“三礼”是儒家的经书，即《周礼》《仪礼》《礼记》。“三礼”和《周易》本来是不同性质的书，庄子曾说“礼以道行”“易以道阴阳”[②]，又司马迁说“《易》

① 楼宇烈：《王弼集校释》，中华书局，1980年，第604页。

② （清）王先谦：《庄子集解·天下篇》，中华书局，1987年，第288页。

著天地阴阳四时五行，故长于变；《礼》经纪人伦，故长于行；……是故《礼》以节人，……《易》以道化”。[1]但是它们作为儒家经典，又有相通之处，如《周易》中保留了许多政治、经济、宗教等社会生活方面有关礼的内容，经过儒家的阐发，成为当时规范人们行为，处理国家与国家、人与人关系的准则，与礼学相表里。故韩宣子聘于鲁，观书于太史氏，见《易象》和《鲁春秋》，发出“周礼尽在鲁矣”[2]的感叹。正是由于《周易》与礼这种特殊的关系，以礼释易才成为一种独特易学方法，在易学发展中起着重要作用。

以礼注《易》，作为一种方法，是从取象角度来阐释的，即以礼象注《易》。礼象不同于象数中的象，它不是八卦固有的象，也非直接由八卦延伸出的象，而是取自于关于包括典章制度、风俗习惯等的礼。王肃以礼注易，是对费氏古文《易》的继承和发展，这种释易方法可以进一步挖掘卦爻间蕴含的政治、伦理等社会人事关系，揭示卦德的内涵，从而实现对义理进行更好的阐述和发挥。

古代礼法对女子的禁锢非常多，不仅有“三从四德”之礼，还有“七出”之规，与男性相比，中国古代一直有“扶阳抑阴”的观念。在婚姻中，要求女子贞节守正，不可乱交。王肃取古代这一婚姻观念，注《姤》象“勿用取女，不可与长也。”为“女不可取，以其不正，不可与长久也。”《姤》卦，下巽（☴）上乾（☰），一阴在下，上遇五男，行为不正，有“女壮过甚”之象，违背古代对女子守贞操，从一而终的要求，王肃认为不可以娶行为不正的女子为妻，“相遇”之道必须合“礼”守“正”才能长久。

男女婚姻，唯有合乎礼仪，才能“取女吉”。《咸》彖曰：“咸，感也，柔上而刚下，二气感应以相与，止而说，男下女，是以亨利贞，取女吉也。”对于婚姻之礼，“三礼”中都有记载，《周礼·春官大宗伯》曰：“以昏冠之礼，亲成男女。”《仪礼·士昏礼》曰：“凡纳采，问名，纳吉、纳征、请期、亲迎。”《礼记·效特牲》：“男子亲迎，男先于女，刚柔之义也。”王肃取“三礼”

① （汉）司马迁：《史记·太史公自序》，中华书局，1975年，第3297页。

② （春秋）左丘明传，（晋）杜预集解：《春秋左传集解》昭公二年，上海人民出版社，1977年，第1208页。

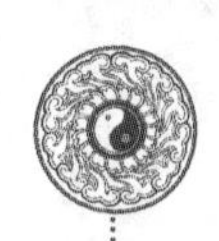

注为“山泽以气通，男女以礼感，男而下女，初婚所以为礼也。通义正，娶女所以为吉也。”《咸》卦，下艮（☶）上兑（☱），艮为山为止，兑为泽为说，故注为“山泽以气通”。又艮为少男，兑为少女，男女要“以昏冠之礼，亲成男女”，故“男女以礼感”。从纳采到亲迎，诸礼都是“男而下女”之事。婚姻之道，据之以礼，“男子亲迎，男先于女”故为“初昏之所以为礼也。”这样才能亨通、利贞，娶女有吉。

《序卦》：“有天地然后有万物，有万物然后有男女，有男女然后有夫妇，有夫妇然后有父子，有父子然后有君臣，有君臣然后有上下，有上下后礼义有所错。”随着社会的发展，进入阶级社会之后，就有了家庭、社会身份的礼义，父子之间有长幼之序，君臣之间亦有尊卑之礼。《礼记·昏义》：“男女有别而后夫妇有义，夫妇有义而后父子有亲，父子有亲而后君臣有正。”君臣之间要正名，“名不正则言不顺，言不顺则事不成，事不成则礼乐不兴，礼乐不兴，则刑罚不中；刑罚不中，则民无所措手足。”[①] 只有正名尊礼，才能君君臣臣，各守其职。王肃也强调要遵循君臣之礼，《益》六三“告公用圭。”肃在“圭”前增一“桓”字，笔者认为，王肃改为“桓圭”寓有深意。圭是古代天子诸侯祭祀、朝聘时，卿大夫等执此以表示“信”的凭据。《礼记·郊特牲》“大夫执圭而使，所以申信也。”身份等级不同，所持之“圭”亦不同，《集解》引九家易曰：“天子以尺二寸元圭事天，以九寸事地也。上公执桓圭九寸，诸侯执信圭七寸，诸伯执躬圭七寸，诸子执穀璧五寸，诸男执蒲璧五寸，五等诸侯各执执以朝见天子也。”可见王肃特意标明是桓圭，是为了强调尊卑等级，主张礼法有序。

王肃以礼注《易》，当归于他对“三礼”的深入研究。肃“善贾、马之学”，而贾逵和马融皆治礼学，此为肃礼学的渊源。王肃与郑玄的论证主要集中在礼学方面，王肃现在保留下来的礼学著作主要有《孔子家语》《圣证论》和诸经注，从中可以看到王肃礼学的造诣颇深。并且从其本传记载中可以看到王肃的奏疏多涉及朝廷典制、郊祀、宗庙丧祭等方面，在当时有重要影响。

---

① （宋）朱熹：《四书章句集解》，中华书局，1983年，第142页。

《周易》卦辞除了观象之以外，还与当时的文字、社会风俗习惯、生产生活、历史时间相关，这些以人事为内容的易辞，因为涉及很多人文知识，所以王肃亦用人文所提供的方法加以诠释，即以史治易。

所谓“以史治易”，是以史学的方法为工具，立足于《周易》作者所处的历史背景，运用当时或以前的社会生产和生活常识及发生的重大历史事件，推断《周易》的成书及作者，探讨《周易》固有的和内涵的意义。以史治易之所以成为可能，完全取决于易学与史学的关系。明儒王守仁曾言：“以事言之为之史，以道言之为之经，事即道，道即事。《春秋》亦经，五经皆史。”[①]王守仁虽然抹煞了道与事、经与史的界限，但却看到了经史在中国古代的同一。章学诚在《文史通义》中亦说“六经皆史”。因为《周易》的卦爻辞反映了当时的社会生活，并从某些方面记录了当时的历史事件，所以要解读和诠释《周易》卦爻辞的本义，就有必要使用史学的知识和方法，来注释《周易》。

关于爻辞的作者问题，王肃认为是周公所作。在《乾》初九“潜龙勿用”下注为“周公作爻辞。”与马融和郑玄的注释相比，很显然王肃是从马说。马融认为“卦辞文王作，爻辞周公作。”，而郑玄则认为“卦爻辞皆文王作。”此亦为王肃从马掊郑之一。对于这个问题，学术界至今未有定论。

八卦的创作过程，据传说是圣人效仿“河图、洛书”而作。传说上古时代，中国的黄河上通天界，河中出现一条龙马，马背上布满神奇的图案。圣人伏羲氏看到马背上的图案，认真临摹下来，同时结合仰观天文、俯察地理，于是创作了八卦。对于八卦创作问题，王肃在《系辞上》“河出图，洛出书。”注为“河图，八卦也。”《释文》曰：“洛，王肃作雒。汉家以火德王，故从雒。”这里可知，王肃赞成这种观点。在《说卦传》中“昔者，圣人之作易也。”王肃注为“伏牺得河图而作易。”

上古时期，在文字没有出现之前，人们是用结绳来记物之数量、事之大小等。《系辞传》云：“上古结绳而治。”肃注为“结绳，识其政事。”上古没有文字，若有誓约之事，则以结绳记之，事大，大结其绳，事小，小结

① （明）王阳明：《传习录》，中州古籍出版社，2004年，第28页。

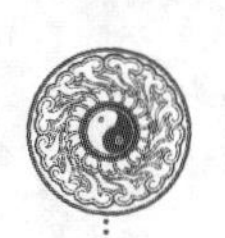

其绳，结绳的多少，随着事物的多少而变，以此作为记事凭据。《正义》：“郑康成注云：‘事大，大结其绳；事小，小结其绳。’义或然也。”与王肃之义同。

从易学发展的角度来看，王肃的释易方法对易学玄学化，及王弼等有重要影响，以义理化为特色的注《易》方式，到了王弼，更为显著，所以王肃应是易学从象数发展到义理的重要过渡。

第六章　易学思想

易学研究中，思想与方法有着明显的区别，易学思想是易学家在易学研究中所透显的、易学或与易学相关连的、具有时代特色的关于自然与社会的见解和观点，这种见解和观点是易学家研究易学的前提。通过王肃的《易注》，可以看出其易学天道观与以往易学家有所不同，在其《易注》中看不到“天人合一”“天人感应”的天道观，而会发现王肃更倾向于从自然角度来阐释天道，将老庄的“自然无为”引入其天道观中，将“有为”“有意识”的天塑造成“无为”“无意识”的天，同时他崇尚“变通”的天道法则，在其《易注》中多处可以体现此点。从天道观推及到人道观上，其《易注》中重点论及了君臣之道，即主张天子无为，诸侯有为。下面分三节具体阐释王肃的易学思想。

第一节　自然无为之天道观

上古时期，人们把对自然界的一切神秘都归于天的作用，天被当作神顶礼膜拜，天具有自然界中不可解释的、神奇的、强大的力量，它统摄着自然界的风雨霜雪、人事上的吉凶祸福。“天”作为世间万物的最高主宰，有感情，有意志，直接统率着下民，指导和监督着政治，具有较为浓厚的人格化色彩。如《易》曰：“自天佑之，吉无不利。”这里的“天”就是有意志的，是万物的主宰，是有为的天神。后来随着社会生产力的发展，人们对天有了更理性的认识，认为“天道”即是社会自然规律的象征，但仍存在“天人感应”

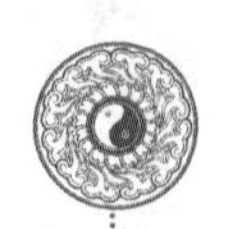

的天道观，尤其是两汉时期“天人”学说发展到极盛进而转化为谶纬之学，假托“天”的意志来宣扬迷信。

王肃反对这种有意志的天道观，在《孔子家语·大婚解》中他假托孔子回答鲁哀公“君子何贵乎天道也”的问题，说“贵其不已也。如日月东西相从而不已也，是天道也；不闭而能久，是天道也；无为而物成，是天道也；已成而明之，是天道也。”显而易见，这里所说的天道已带有浓厚的道家无为学说的思想印痕，与早期儒家的自然天道观有相当的不同，其目的是为了说明天道是“无为”的，顺应天道也就是效法自然规律来治国、驭民、固位和保身。所以王肃赞叹天道的自然刚健，变化不息，“无为物成”，而没有把天视为有为之神。在《孔子家语·五仪解》中，他还说国家的“存亡祸福皆己而已，天地灾妖不能加也”。人间的祸福是人自身没有按着客观规律办事所造成的，天并没有任何意志。统治者只要行“善政”，有“善行”，就可以化祸为福，转危为安。由此可见，王肃的天道观是自然无为。

王肃认为“天道”的表象是自然性，《孔子家语·郊问》曰：“万物本于天，人本乎祖，郊之祭也，大报本反始也，故以配上帝。天垂象，圣人则之，郊所以明天道也。”王肃在注释“郊”之名时说：“筑为圜丘，以象天自然。”此处所谓“以象天自然”就其表象而言的。“天道”的本性则是“好生”，孔子称赞圣人之德若天地，而天地之德“无他，好生故也”[①]就是从天道本性角度而言的。“好生”的本性是通过“自然”的表象表现出来的，所以王肃才会说：“器用陶匏，以象天地之性也，万物可称之者，故因其自然之体也。”[②]

王肃对天人的认识，很大程度上是继承扬雄的思想。扬雄对天人关系的看法是“夫玄也者，天道也，地道也，人道也，兼三道而天名之，君臣父子夫妻之道。”[③]王肃继承了上述思想，对《易·系辞注》“在天成象，在地成形”一句，王肃注“象”为“日月星”，注“形”为“山川群物”。《孔子家语·大

---

① （魏）王肃：《孔子家语·好生》，上海古籍出版社影印本，1990年，第25页。

② （魏）王肃：《孔子家语·郊问》，上海古籍出版社影印本，1990年，第76页。

③ （汉）扬雄著，（宋）司马光集注：《太玄集注·太玄图》，中华书局，1998年，第212页。

婚解第四》注“百姓之象也”时释为：“言百姓之所法而行。”由此可知，在王肃看来，天所成之“象”是日月星相从而不已的天道（即自然规律）；地所成之“形”是山川群物自然而成之地道；百姓之象是人所法而行之人道，所以人道应该法天道。

人道法天道，就要做到顺其自然，不可欲望太多。对《无妄》的卦名，王肃注为“妄，犹望，谓无所希望也。”《无妄》卦，是下震（☳）上乾（☰），天雷无妄，这与乾为天的天有关系。无妄即是顺应自然，乾卦有元亨利贞，无妄也有元亨利贞。无妄能得到大亨大通，但是必须是利于正，守正道，做事合于客观规律，如果不能守正，便要有灾眚，不利有所往。王肃释“妄”为“望”即为天道自然无为，无望无欲，遵循自然规律，效法“震动而乾健”，不违常理，便能“元亨利贞”。朱熹在《周易本义》中认为：“无妄实自然之谓，《史记》作无望，谓无所期望。”与王肃之说义同。概言唯有无妄，才能凡事尽在于我，无论吉凶祸福，都顺其自然，不怀期望，这样就不会患得患失，顺天休命矣，从天道的角度看，自然化育万物，无欲无望，故人亦应效法天道的自然无望之德，尽心而已。《老子》云：“生而不有，为而不恃。”这正能反映出天道无望之德。若人道能效法天道之诚，则可与天地合德矣。所以王肃主张君子应该“生而不有，为而不恃”。《大壮》九三“君子用罔”肃就注为“罔，无。”《大壮》卦，下乾（☰）上震（☳），九三居《大壮》下卦之终，当位应上，刚亢强盛，有妄动必凶之险，故应谦退守正，“不用壮”才能“弥壮”。王肃之释正反映出壮而“不恃”，才能长保其“壮”之理。故君子处世行事，皆宜顺应自然，履谦行恭，“知进退存亡”，只有才能守“中”无过。

从王肃天道观的思想渊源上看，其受扬雄和王充的影响很大。扬雄的天道观亦为自然无为，在《法言》中曰：“或问天，曰：吾子天钦，见无为之为矣。或问：雕刻众形者，非天钦？曰：以其不雕刻也，如物刻而雕之，焉得力而给诸。”[①] 天道无为而为，自然成形也。王充论述天道时观点同于扬雄，《论

① 王荣宝撰，陈仲夫点校：《法言义疏·问道》，中华书局，1987年，第114页。

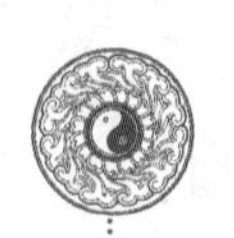

衡·自然篇》："天之不欲生五谷丝麻以衣食人，由其有灾变不欲以谴告人也。物自生而人衣食之，气自变而畏惧之。""夫天无为故不言。灾变时至，气自为之，夫天地不能为，亦不能知也。"王充从天道自然的角度消解了天人感应的神学基础，以自然天道来释天道。扬雄和王充的这些思想直接被王肃吸收，王肃的自然无为就是二人思想的继承。

第二节　阴阳变化之天道法则

《说卦》云："立天之道，曰阴与阳，立地之道，曰柔与刚，立人之道，曰仁与义。"这里的"天之道"，即指阴阳变易的法则。历代治易者都很重视《易传》，从义理的角度讲，《易传》是阐释《周易》哲学内涵的最好注本，它将《周易》象数中蕴涵的哲理明了通俗化，对后来义理易学的发展起了重要的作用。易传中阐释的一个重要哲理就是阴阳之道，它将天道的法则具体化、通俗化，从事物的兴衰消长以及事物发展过程中所表现出来的连续性、次序性以及往复循环的规律性等角度说明阴阳之道。

阴阳之道要求人们承认同一事物存在着相互对立统一的两面性，因此人们要从阴阳两面来观察事物，只看到对立面的一方，则是一种片面的观点。王肃注释"亢龙有悔"的文言时，就强调要关注阴阳对立的两方面。《乾·文言》曰："亢之为言也，知进而不知退，知存而不知亡，知得而不知丧，其唯圣人乎？知进退存亡而不失其正者，其唯圣人乎！"王肃将第一个"圣人"改为"愚人"，很明显是告诫人们应认清事物存在两面性，不要做愚人。亢龙之所以有悔，是因为其只知晋升，不知引退，满足于现状，不懂得有丧失的危险，圣人则不如是，兼知进退存亡两方面，又能符合中和之道，所以不会走向失败。

事物在变化过程中，所以由盈到虚，由盛到衰，是由于发展到极点，则会向其反面转化。即我们常说的物极必反，穷极则变。故在《损》"上九，弗损益之，无咎贞吉。利有攸往，得臣无家。"王肃注为"处损之极，损极则益，故曰不损益之，非无咎也。为下所益，故无咎。据五应三，三阴上附，外内相应，上下交接，正吉也，故利有攸往矣。刚阳居上，群下共臣，故曰得臣矣。得臣则万方一轨，故无家矣。”否极泰来，剥极而复，这是常理。上九处损之极，损极则益，故“不损益之”。亦即《序卦》“损而不已必益”。所以人们应该以“消息盈虚”为贵，懂得事物变易的法则，对于事物的损益，不能违背其盈虚消长的趋势，才不会有悔吝。

阴阳对立的不同事物之间不仅存在对立关系，还存在统一关系。这种既对立又统一的相互作用，推动了事物的发展。《说卦》“天地定位，山泽通气，雷风相薄，水火不相射。”王肃注为“射，厌也。”认为水火虽异性却不相厌弃而相资助，即水火是“相通”的，这里王肃看到了对立事物之间存在着统一性。又《说卦》“水火相逮。”《释文》云：“水火不相逮，郑、朱、宋、陆、王肃、王廙无‘不’字。”把“水火相逮”与“水火不相射”合起来看，更能体现王肃的这一对立统一的哲学观。坎为水，离为火，坎为中男，离为中女，火下水上为既济，六爻各得其位，故不相厌也，正如《周易姚氏学》所说：“水火之牡，火水妃也。”水火在一定程度上可以互相补充，达到相互融通。“水火相逮”亦同理，逮，及也，水火虽异，但其气质却能相互资助而互用，正如《正义》所言：“明性虽不相入，而气相逮及也。”即为水火相对，亦可相得益彰，这就是事物之间的对立统一性。

同时，阴阳、刚柔之间相互作用，相互吸引和相互排斥，才促进了事物的发展变化。《说卦》“雷以动之，风以散之；雨以润之，日以烜之；艮以止之，兑以说之；乾以君之，坤以藏之。”王肃注为“互相备也。”（案：马氏辑尚有“明雷风与震巽同，乾坤与天地通功也。”二语，黄奭无，孙氏《集解》，亦仅录“互相备也”一语，衡诸《正义》、黄、孙二氏为是）即明八卦相互作用，推动事物变化。《正义》曰：“此一节总明八卦养物之功。……上四举象，下四举卦者，王肃云：‘互相备也。’明雷风与震巽同用，乾坤与天地同功也。”说明了八卦的同功作用。《集解》引《九家易》曰：“雷与风雨变化不常，而日月相推，迭有往来，是以四卦以义言之，天地山泽，恒在者也，故直言名矣。”《姚氏学》云：“万物以阳出仲春之月，阳始出地，激而为雷，而万物动、群蛰起，气以雷发，以风行，风行气布，和而为雨，雨自上下，

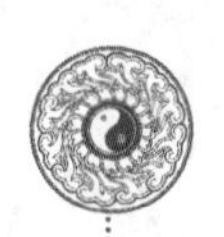

故润泽自下上，故说。乾为之君，号令皆发自乾元也，坤位中央，（坤为土）物皆丽焉，出于坤，藏于坤，万物之母也。”《礼记·乐记》云：“地气上齐，天下下隆，阴阳相摩，天地相荡，鼓之以雷霆，奋之以风雨，动之以四时，煖之以日月，而百化兴焉。”若非八卦之通用互备，怎么能达到百物兴盛之象？又如王肃在《睽》彖“天地睽，而其事同也。”注为“高卑虽异，同育万物。”同样是说明阴阳对立的统一性特征。天高地卑，相对相异，但天无所不覆，地无所不载，而云行雨施，品物化成，是天地之合德之功。万物相违又相合，才是事物存在的不变之理。

再从自然现象的变化比拟人事的角度来看，天与地，“高卑虽异”却“同育万物”，天地相交，则万物化兴。所以男女之道，亦应法天地之道。故王肃在《归妹》彖“天地不交，而万物不兴。”注为“男女交而后人民蕃，天地交，然后万物兴，故归妹以及天地交之义也。”这里，王肃将天道推演到人事上，看到天地不交，则万物不生，故强调男女相交之大义。女嫁于男，乃是生生相续之道，人类繁衍之法。若男女不交，则人类不蕃，人类不蕃，将至灭绝，故王肃释《归妹》男女交之义，应效法天地之交。

综观王肃的思想，崇尚通变是其显明特点。这一点也可以在王肃的政治行为上看出来，王肃在《谏征蜀疏》中主张统治者在政治、军事措施中应该做到“顺天知时，通于权变”，在《已迁主讳议》中又说：“魏国于汉礼有所损益，质文随时，亦合尊之大义也。”（严可均《全三国文》）相似的说法，在《孔子家语》注中也屡见不鲜。这表明，王肃并非只是一个迂阔的儒者，他已经敏锐地感到了时代的剧变，并力图适应时代潮流的转变，在“知时”的理论前提下，寻找思想的“权变”之途，以努力适应时代变局，在曹魏复杂的政治变动中，洞察优劣，投靠于司马氏一方，做到了明哲保身，却没有延续其父效忠曹氏集团的祖业。学术上的表现就是在“复古”的旗帜下，实现思想上的“变通”，通过对以郑玄为代表的传统经学的“驳正”，建构起自己的思想体系。所以说，崇尚“变通”是王肃思想的一个鲜明特点。

第三节　从天道推及君臣之人道

中国古代易学乃至整个哲学是本于天道而立人道，其方法是以人道推天道，以天道证人道。所谓的以人道推天道是用类比的方法，把人的属性赋予天，用人道说明天道。所谓以天道证人道，是把主观化的天道作为说明人道的根据。如《乾·文言》云："元者，善之长也；亨者，嘉之会也；利者，义之和也；贞者，事之干也。君子体仁足以长人，嘉会足以合礼，利物足以合义，贞固足以干事。"元、亨、利、贞是《乾》卦卦辞，按《文言》理解，这四个字表示天之德性，人本于此而立仁、礼、义、智四德。《易传》的这种思维方式对后代治易者影响很大，学者效法这种思路，习惯从人存在的角度或立场来理解和规范天道，反过来又以天道来解释和证明人道。故古人常以自然现象的变化比拟人事的得失，将自然现象变化的过程和法则称之为"天道"和"地道"，将人类活动的规则称之为"人道"。用"天道""地道""人道"来说明事物的性命之理。

从后代辑佚的王肃《周易注》中看，王肃多将天道推演到人事的君臣之道方面。如《颐》："六二，颠颐，拂经于丘，颐征凶。"注为"养下曰颠，拂，违也。经，常也。丘，小山。谓六五也。二宜应五，反下养初，岂非颠颐违常于五也。故曰拂经于丘矣。拂丘虽阻常理养下，故谓养贤。上既无应，征必凶矣，故曰征凶。"《颐》卦，下震（☳）上艮（☶），六二与六五不应，六二反向下求养于初九，有失"颐"道，故为"颠颐"之象。六二不能以柔顺中正自养，既"颠颐"求初，有违背"奉上"的常理，向上九索取颐养，故往前必凶。王肃认为在上者若无能，在下者下可养贤自立，即初九可养六二，故"拂丘虽阻常理养下，故谓养贤。"可见君臣之间，君若无能，臣可养贤自立，王肃的这种思想亦与其经历相一致。曹魏时期，君主年幼无能，曹爽和司马懿争权，君上不能政由己出，故臣下可以养贤自立，各保其主。

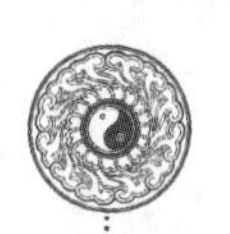

这里王肃也是为地主士族代言，反映了他的阶级立场。

在上者无能，在下者不仅可以养贤自立，还可以代君行事，有所作为。王肃在《震》象“震惊百里，惊远而惧迩也。出可以守宗庙社稷，以为祭主也。”注为“在有灵而尊者，莫若于天，有灵而贵者，莫若于王，有声而威者，莫若于雷，有征而严者，莫若于侯，是以天子当乾，诸侯用震，地不过一同，雷不过百里政行百里，则匕鬯亦不丧，祭祀国家大事，不丧，宗庙安矣。处则诸侯执其政，出则长子掌其祀。”天有阴阳，阴阳有上下之别，《周易》效之，有阴阳两爻，且有贵贱之等。阳爻为尊贵，阴爻为卑贱。汉代京房阐发《系辞》爻位贵贱之说，根据爻自下而上所处的位置，依次配以爵位，即以初为元士，二为大夫，三为三公，四为诸侯，五为天子，上为宗庙。《震》卦，是上下皆震（䷲），王肃沿用京房之说，六五，阴居君位，阴柔失位，为政谦逊柔和，故六五之君应效法天道自然无为，故“天子当乾”如天道一样，无为而治；九四，处诸侯之位，虽处阴位，但本质阳刚，故能以政令震惧其国，万民恐惧修省，国遂安定，故“诸侯当震”，如雷威震动万物一般，诸侯有为而治国。所以王肃认为君主居国内仰仗诸侯，治理国政；君主外出，长子留守宗庙社稷，如此天子可以无为而天下治矣。姚氏学云：“震雷动物，发生以时，故有则。出疆之政，谓四，守宗庙社稷谓祭主，谓初也。易卦初为元士，四为诸侯，震侯已位四，诸侯也。初则诸侯世子也，天下无生而贵者，故世子亦居士位，此于乾五天子，二为世子同义。世子君之贰，君行则守，此云守，可以守宗庙社稷，以为祭主，则诸侯出疆，或缺一时之祭，世子主之矣。《太平御览》引王肃云：‘处则诸侯执其政，出则长子掌其礼。’”此处姚配中亦用王肃之义也。

在上者无能，若能谦虚依附有为之臣，亦无亡国之忧。王肃在《离》六五象“六五之吉，离王公也。”后注为“离王者之后为公。”《离》卦，上下皆离（䷝）。离，即附丽。荀爽曰：“阴丽于阳，相附丽也。”王弼云：“丽，犹著也，各得其著之宜。”六五阴居尊位，以柔顺之德处于君位，能谦逊附丽于九三、九四诸公，得到阳刚能臣之助，国家必大治，遂获吉祥。所以虽六五所处君位，但能审时度势，自知无整治天下之能，故能谦逊附丽于下，避免国家因己治国无能而大乱的局面。这里仍然显示出王肃的政治立场，即为门阀士族代言。

王肃的政治观是其天道观的推演，他将天道的自然无为，推演到人事上，主张君臣相处之道应为“天子当乾，诸侯用震”。换句话说，王肃在政治上是主张天子无为而诸侯、士大夫等有为的，这一观点用《孔子家语·礼运》中的说法就是“天子以德为车，以乐为御，诸侯以礼相与，大夫以法相序，士以信相考，百姓以睦相守，天下之肥也，是谓大顺。顺者，所以养生送死，事鬼神之常也”。从阶级本性上看，王肃的这些思想符合门阀士族阶级。曹魏中后期，九品中正制成为了士族们把持选举，操纵政治的工具，进而形成门阀政治。九品中正制为门阀势力在政治上打开了一条坦途，逐渐在社会上形成“尊世胄，卑寒士，权归右姓”的风习，这样名门士族们有了通仕的一个制度上的护身符。虽然这些名门士族们没有世袭之名，但可以享有世袭之实；所以虽然弊端很多，但却能历久不废。这样九品中正制和门阀势力就互为因果地发展着，致使门阀士族成为一个特权阶级，在魏晋时期左右着国家的政治。王肃作为士族中的一员，自然要为本阶级代言，在思想和理论上支持门阀士族，论证门阀士族的合法性，巩固贵族政权统治基础。

当然，我们应当看到，从本义上说，王肃与《易传》的释《易经》的方法一样，有许多卦象是虚拟的，有的卦象虽然不是虚拟的，但人的行为是从卦象中直接推不出来的。具体来说，抽象的易象符号意义不是唯一的，具有不确定的一面，他作为解释对象有着极强的张力，为后世解释者提供了丰富的想象空间和无限的解释机会。一旦需要，它就像一台万能机器造出新的产品一样，被解释和赋予许多新的意义。这里所说的“新的意义”是对《周易》本身而言的，它是《周易》原初所不包含的。而就理论本身言之，这种“新的意义”先于或后于《卦象》形成，按着时代的演进改变自己的形态，以自身逻辑不断地发展和完善，大多不是从易象符号中推导出来的，而更多是解释者用这种观念和理论对易象理解和解释而已。王肃的易学思想就是根据自己的理解，运用当时的社会观念和理论对《周易》的解释。在这个意义上，与其说王肃在诠释《周易》本义，倒不如说他以《周易》作为工具阐发人道。

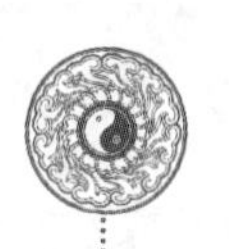

第七章　郑王之争

自从魏晋以“九品中正”的门阀制度代替汉代以经术取士的制度后，今、古文在政治上的意义就明显减弱。世族阶层为区分等级，非常重视礼法。郑学因《三礼注》仍受到统治阶层的重视，但这一时期，与郑玄同出马融门下的王肃也遍注群经，大加责难郑氏经注，出现经学史上著名的“郑王之争”。郑玄是东汉末期融合经今古文的一代大师，他针对经学繁琐荒谬，内部门派之争等问题进行整合和改革，博采今古文经学家之说，遍注群经，对前人的经学著述删裁繁芜，刊改漏失，促进了学术的发展。皮锡瑞称他“兼通今古文，沟合为一。于是经生皆从郑氏，不必更求各家”。但经学也从此进入中衰阶段，“郑玄之盛在此，汉学之衰亦在此。”① 郑玄学术在取得巨大成就的同时，也引起了众多的非议。三国时期有许多学者批评郑玄治学弊端如虞翻、王粲、李撰。这些学者开始有意识地去探索新的阐释儒家经典的方法，他们认为经学研究需要新的思路，新的主张，才能适应变化了的社会现实，其中引领或开启了以后儒学玄学化先河的便是荆州学派，以宋忠等为主的荆州学派，探讨天道性命，与郑学相抗衡。王肃则深受宋忠的影响，可见王肃反对郑玄是在一定的社会思潮影响和启发下，为了适应社会的需要和振兴儒学才重新阐释儒家经典的，郑王之争就是在这样的时代背景下发生的。

---

① （清）皮锡瑞：《经学历史》，中华书局，1959年，第142页。

第一节　郑王之争

清代学者皮锡瑞认为郑玄经学最精者为“三礼”之学[1]，这是正确的评价。正因为如此，王肃反驳郑玄的学说，也基本上是以礼学为主的。下面就郑王之争的具体内容稍加叙述。

根据《晋书》来看，在魏晋时期，学者认为最难定夺的礼学问题主要有以下几点：明堂五帝、二社六宗、吉凶之礼和王公制度等，其中《晋书·礼仪志》于郑、王丧礼方面经说差异叙说特详：“三年之丧，郑云二十七月，王云二十五月；改葬之服，郑云服缌三月，王云葬讫而除；继母出嫁，郑云皆服，王云从乎继寄育乃为之服；无服之殇，郑云子生一月哭之一日，王云以哭之日易服之月。如此者甚众。”此外，郑玄和王肃之间比较显著的分歧还有以下几个方面。关于禘祭，郑玄认为“禘谓祭昊天于圜丘也，祭上帝于南郊曰郊。”（《礼记注疏·祭法》）认为“圜丘”是祭祀天的场地，而“郊”则是祭名。而王肃认为二者并无本质的不同。关于庙制，郑玄认为“天子七庙”是三昭三穆加太祖之庙而成七。王肃则认为高祖之父与高祖之祖庙为二祧，合始祖及新庙四而成七庙。[2]郑王之争的另外一个著名的论题是所谓的“禋六宗”。关于这个问题，郑玄在其《尚书大传注》《驳五经异义》等著作中曾有过多次论述。郑玄认为六宗是指天神，他说：“六宗近谓天神也。以《周礼》差之，则为星辰、司中、司命、风师、雨师也。”（《郑氏佚书·尚书大传注》）王肃则在《尚书注》中，对此提出了不同的看法。他说：“禋，挈祀也。六宗者，所宗者六，皆挈祀之。埋少牢于太昭，祭时也。相近于坎坛，祭寒暑也。王宫，祭日也。夜明，祭月也。幽，祭星也。雩，祭水旱也。禋于六宗，此之谓也。”[3]另外，在有关祭仪、祭

---

① （清）皮锡瑞：《经学通论·易经》，中华书局，1954年，第21页。

② （魏）王肃：《圣证论》，马国翰辑《玉函山房辑佚书》本。

③ （清）唐晏著，吴东民点校：《两汉三国学案·尚书》，中华书局，1986年，第184页。

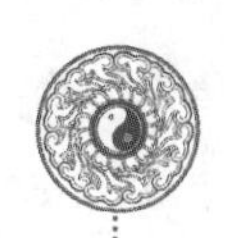

器等许多具体问题上，王肃和郑玄之间还有不少歧见，此处不再赘述。

王肃的学说和他挑起的“郑王之争”在曹魏时期产生了较大的影响，成为当时学者们研讨的重要话题。当时，王肃在学术上有很多的追随者，以至他辞世时，“门生缞经者以百数”。[①]到了晋代，王肃的《尚书》《诗》《论语》《三礼》《左氏解》和由他撰定的其父朗《易传》均立于学官，在意识形态上取得了垄断的地位。王肃对儒学经典的解释，还影响到了北朝。《魏书》就记载了太和十三年（公元489年）正月禘祭时，北魏学者对郑玄和王肃关于禘祭的议论。王肃的许多著作，至少在唐代还得以完整地保存。可见，王肃的学说在魏晋南北朝时期还是有一定影响的。当然，王肃的学说遭受正统儒者的反对也是不争的事实。当王肃还在世的时候，即有郑玄的学生“东州大儒”孙叔然对他的学说提出质疑[②]。虽然王肃的学说在晋代被立于学官，但他的学说和思想也不是完全为统治者所接受的，到了唐代，孔颖达作《五经正义》，重新恢复汉学的传统，摒王崇郑，王肃学说的地位从此一落千丈，不再受学者们的重视，其著作也乏人问津，渐趋散佚。

毋庸置疑，无论是保守还是趋时，复古抑或变通，郑玄和王肃的学说都是与现实的社会政治紧密相连的。他们所争论的吉凶之礼和宗庙祭祀等礼学问题，看似一般的学术争议，但在古代，尤其是在汉魏更迭、魏晋禅代的背景下，却有着重要的意义。王肃挑起“郑王之争”，主要目的还是在魏晋易代、礼仪崩坏的特定历史背景下对不适合政治变革的前辈学者的思想疏“塞”开“壅”，以适应政治的变革和政权的转换，在“驳正”前师的名义下树立自己的经学义理体系，为新政权服务。这正是王学能够暂时击败郑学，取得一定时期政治优势的社会根源。

王肃以变通的精神适应世变，努力在儒学的传统资源里寻求顺应时代变化的新元素，期望重振儒学。王肃对自己在经学上的标新立异曾在《孔子家语·序》中有这样的表白：“郑氏学行五十载矣。自肃成童，始志于学，而学郑氏学矣。然寻文责实，考其上下义理，不安违错者多，是以夺而易之。然世未明其款

---

① 卢弼：《三国志集解》卷十三《魏志·王肃传》，中华书局，1982年，第271页。
② 卢弼：《三国志集解》卷十三《魏志·王肃传》，中华书局，1982年，第269页。

情，不谓其苟驳前师以见异于前人。乃慨然而叹曰：予岂好难哉？予不得已也！圣人之门方壅不通，孔氏之路枳棘充焉，岂不得开而辟之哉？若无由之者，亦非予之罪也！是以撰经、礼，申明其义；及朝论制度，皆据所见而言。”由此可见王肃是以郑攻郑，就是为了变革不适应社会发展的学术为目的，而非纯粹为攻郑。他站在圣人之徒的立场上，发现郑玄学术问题委实太多，故出而攻之，以期维护圣人学术的纯洁性，铲除通往“圣人之门”“孔氏之路”的枳棘。

再者从文化史的角度看，每到世道更替之时，总有人努力对前代之文化学术作一个总结，也总有人通过反思前代文化学术而提出批判性的意见，这恐怕是中国历史上的规律了。郑玄属于前者，而通过反思文化传统从而提出批判性的意见者，在汉魏之际很多。这种伴随着社会的变乱而来的对旧文化的批判，可以溯到了东汉前期的王充，之后的王符、仲长统、蔡邕、王朗、孔融、王粲等都受王充影响的对传统学术思想进行了反思和批判。如果王朗是这种“反动”的后续，那么把王肃也列入其中也是理所当然的了。

第二节　易学上的马郑王三家比较

王肃与马融、郑玄有着特殊的关系，王肃和郑玄都是马融的学生，因此郑玄应是王肃的诤友，从学术渊源上说二人本是同门，但是当时反对郑玄最激烈的恰恰是这位同门师弟，这就使得郑、王之争颇具有戏剧性，也更具有思考价值。在易学上郑学和王学，到底有怎样的差异，本文力求通过马、郑、王三家的比较，来求证易学上的郑王关系。由于三家《周易注》都已遗失，现在看到的是后人辑佚的，所以对三家易注的比较也是存在很大局限性的，笔者希望通过残留下的资料，对三家的易学关系作一下梳理。[1]

---

① 以上所引马融《易注》用马国翰的《玉函山房辑佚书》本，郑玄《易注》用南宋王应麟辑，清丁杰后定，清张惠言订正的《湖海楼丛书》本，王肃《易注》以马氏、孙氏、黄氏三家共同参考作为依据。

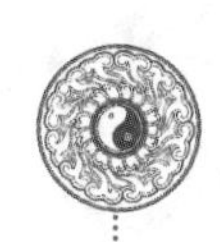

篇目	经传文	马融	郑玄	王肃	备注
《乾》初九	潜龙勿用	卦辞文王作，爻辞周公作。	卦爻辞皆文王作。	爻辞周公作。	王从马说，马郑不同。
《乾》九二	利见大人		九二见九五之大人。	大人，圣人在位之目。	郑王义同，都从爻位上解释。
《乾》上九	亢龙有悔		尧之末年，四凶在朝，是以有悔，未大凶也。	穷高曰亢，知进忘退，故悔也。	郑以史例释之，王以义理为解。
《乾》象	大人造也		造，为也。	造，就也，至也。	郑王义同。
《坤》	西南得朋，东北丧朋。	孟秋之月，阴气始著，而坤之位同类相得，故西南得朋。孟春之月，阳气始著，阴始从阳，失其党类，故东北丧朋。		西南阴类，故得朋，东北阳类，故丧朋。	王从马说，都以阴类为朋，阳类非朋。
《屯》六二	屯如邅如，乘马匪寇，婚媾班如。	邅如，难行不进之貌。班如，班旋不进也。言二欲乘马往适于五，正道未通，故班旋不进也。重婚曰媾。	班，作般。马牝牡曰乘。媾，犹会。	班如，盘桓不进也。	王从马说，与郑解释角度不同。
《蒙》上九	擊蒙	为“繫蒙”。	为“繫蒙”。	擊，治也。	郑从马说，与王不同。
《需》（卦辞）	需：有孚，光亨，贞吉	《释文》：马郑总为一句	《释文》：马郑总为一句		郑从马说。
《需》九三	需于泥，致寇至。		寇，作戎	寇，作戎。	郑王同。
《讼》	有孚咥	咥读为躓，犹止也。	咥，觉悔貌。		马郑不同。

续表

篇目	经传文	马融	郑玄	王肃	备注
《讼》九二	其邑人三百户无眚。	眚，灾也。	眚，过也。		马郑义同。
《讼》九二象	患至掇也。		掇，作惙，忧也。	掇，若手拾掇物也。	郑王不同。
《讼》九四	不克讼，复即命，渝，安贞吉。	渝，变也。	渝，然也。		马郑不同。
《讼》上九	或锡之鞶带。	鞶，大也。	鞶带，佩鞶之带。	鞶，作槃。	马郑同，不与王同。
《讼》上九	终朝三褫之。		褫，作拕，夺也。	褫，解也。	郑王不同。
《师》	（卦名）	二千五百人为师。	军二千五百人为师。		郑从马说。
《师》象	君子以容民畜众。		畜，养也。	畜，养也。	郑王同。
《师》初六	否臧。	否，方有反	否，方有反	否，方有反。	马郑王三家同。
《师》九二象	承天宠。		宠，光耀也。	宠，王肃作龙，龙，宠也。	郑王义同。
《比》初六	有孚盈缶。		缶，汲器也。	缶者，下民素质之器也。	郑王义同。
《比》六三	比之匪人。	匪，非也。		六三，比之匪人，凶。	马王所释角度不同。
《小畜》九三	舆说辐。	辐，足下缚也。	舆下缚木与轴相连钩心之木是也。		马郑不同。
《履》（卦辞）	不咥人，亨。	咥，龁也。	咥，齧也。		马郑义同。

续表

篇目	经传文	马融	郑玄	王肃	备注
《泰》	（卦名）	泰，大也。	泰，通也。		马郑不同。
《谦》六四	无不利，撝谦	撝犹离也	撝读为宣。		马郑所释角度不同。
《豫》	（卦名）	豫，乐。	豫，喜逸说乐之貌也。		马郑义同。
《豫》六二	扴（郑作砎）于石	扴，触小石声。	砎谓磨砎也。		马郑不同。
《豫》六三	盱豫悔		盱，誇也。	盱，大也。	郑王义同。
《豫》九四	朋盍簪		簪，速也	簪，速也	郑王同。
《豫》上六	冥豫	冥，昧耽于乐也。	冥，读为鸣。		马郑所释角度不同。
《蛊》（卦辞）	先甲三日，后甲三日	甲在东方，艮在东北，故云先甲。巽在东南，故云后甲。甲所以十日之中唯称甲者，为十日之首。蛊为造事之端，故举初而明事始也。言所以三日者不令而诛为之暴，故令先后各三日，欲使百姓遍习行而不犯也。	甲者造作新令之日，甲前三日取改过自新，故用辛也，甲后三日取丁宁之义故用丁也。		马融从方位的角度言理，郑玄从人事的角度释之。
《蛊》初六	有子考	以考绝句。		以考绝句。	王从马说。
《观》	盥而不荐	马郑本作盥而不荐。盥者，进爵盥地，以降神也。此是祭祀盛时，及神降荐牲，其礼简略，不足观也。国之大事，唯祀与戎，王道可观，在于祭祀。祭祀之盛，莫过初盥降神，故孔子曰“禘，自既灌而往者，吾不欲观之矣。”此言及荐简略则不足观也。	马郑本作盥而不荐坤为地为众，巽为木为风，九五天子之爻，互体有艮，艮为鬼门为宫阙。地上有木而为鬼门宫阙者，天子宗庙之象也。诸侯贡士于天子，大夫贡士于其君，必以礼宾之，唯主任盥而献宾，宾盥而酢主人，设荐俎则弟子也。	王本作盥而观薦。	马郑王三家各不同。马融从古礼言之，郑玄从象数角度释之，王肃改字不与今文同。

续表

篇目	经传文	马融	郑玄	王肃	备注
《观》初六	童观	童，犹独也。	童，幼稚也		马郑不同。
《噬嗑》九四	噬乾胏。	有骨之谓胏。	胏，簀也。	胏，作脯，骨在乾，肉脯之象。	三家各不同。
《噬嗑》上九	何校灭耳。		离为槁木，坎为耳，木在耳上何校，灭耳之象也。	荷，担也。(何、荷通假)	释“何”之义郑王同。
《噬嗑》上九	聪不明也。	耳无所闻。	目不明，耳不聪.	言其聪不明。.	郑王不同。
《贲》			贲，变也，文饰之貌。	有文饰，黄白色。	郑王义同。
《贲》初九	贲其趾，舍车而徒。		趾，足。	在下故称趾，既舍其车，又饰其趾，是徒步也。	郑王义同。
《贲》六四	贲如皤如白马翰如。	翰，高也。	翰犹幹也。		马郑不同。
《贲》六五	贲于丘园，束帛戋戋。	戋戋，委积之貌。		戋戋，委积之貌也	王从马说。
《剥》初六	剥床以足，蔑，贞凶。	蔑，无也。	蔑，轻慢。		马郑不同。
《剥》六二	剥床以辨。	辨音辧具之辧，足上也。	足上称辨。		马郑义同。
《复》初六	远复，无祇悔。	祇，辞也。	祇，病也。	祇，作禔。	三家各不同。
《无妄》	（卦名）	妄，犹望，谓无所希望也。	妄，犹望，谓无所希望也。	妄，犹望，谓无所希望也。	三家同。。

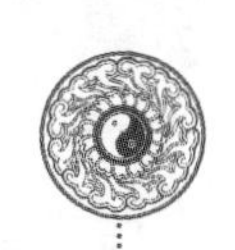

续表

篇目	经传文	马融	郑玄	王肃	备注
《无妄》象	天命不右（郑作佑）。	谓天不右行。	佑，助也。		马郑义同。
《颐》上九	由颐，厉吉。	厉，危。		厉，危。	王从马说。
《大过》九五	枯杨生华，老妇得其士夫。	初为女妻上为老妇。	以丈夫年过娶二十之女，老妇年过嫁于三十之男。		马郑义同。
《离》象	明两作，离；大人以继明照于四方。		作，起也。明两者，取君明上下，以明德相承，其于天下之事，光之象，尧舜禹文武之盛也。	两离相续，明之义也。	郑玄以义理和史事释之，王肃依象释之。
《离》九三	则大耋之嗟，凶。	七十曰耋。	大耋，谓年踰七十也。	八十曰耋	马郑同，不与王同。
《咸》初六	咸其拇。	拇，足大指也。	拇，足大指也。		郑从马说。
《咸》九四	憧憧往来。	憧憧，行貌。		憧憧，往来不绝貌。	马郑义同。
《咸》九五	咸其脢。	脢，背肉也。	脢，背脊肉也。	脢，在背而夹脊。	三家义同。
《恒》上六	振恒，凶。	振，动也。	振，摇落也。		马郑义同。
《遁》九四	好遁，君子吉，小人否。	好遁，君子吉，言虽身在外乃心在王室，此之谓也。小人则不然，身外心必怨也。	否，塞也。	否，塞也。	郑王同，不与马同。
《大壮》	（卦名）	壮，伤也。	气力浸强之名。	壮，盛也。	郑王义同，不与，马同。

续表

篇目	经传文	马融	郑玄	王肃	备注
《大壮》九三	羸其角。	羸，大索也。	羸，作纍。	《释文》羸王肃作缧。	三家义同。
《大壮》九三	小人用壮，君子用罔。	罔，无也。		罔，无也。	王从马说。
《大壮》六五	丧羊于易。		音亦，谓佼易也。	易，畔也。	郑王不同。
《大壮》上六象	不祥也		祥，善也。	祥，善也。	郑王同
《晋》六五	矢得勿恤。	《释文》："失得"孟马郑虞王本作矢，离为矢。	《释文》："失得"孟马郑虞王本作矢。	《释文》："失得"孟马郑虞王本作矢。离为矢。	三家同。
《明夷》彖	内文明而外柔顺，以蒙大难，文王以之。		蒙犹遭也，文王似之。	唯文王能用之。	郑王义同。
《明夷》六二	明夷夷于左般也。	《释文》：左股马王肃作般。般，旋也，日随天左旋也。		《释文》：左股马王肃作般。般，旋也。	王从马说。
《家人》初九	闲有家。	闲，阑也，防也。	闲，习也。		马郑不同。
《家人》九三	家人嗃嗃，悔厉吉。	嗃嗃，悦乐自得貌。	嗃嗃，苦热之意。		马郑不同。
《家人》九三。	妇子嘻嘻，终吝。	嘻嘻，笑声。	嘻嘻，骄佚喜笑之意。		马郑不同。
《家人》九五	假王有家。	假，大也。	假，登也。		马郑不同。
《睽》	（卦名）	音圭。	音圭。	音圭。	三家同。

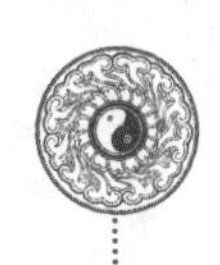

续表

篇目	经传文	马融	郑玄	王肃	备注
《睽》上九	后说之弧。	弧，作壶。	弧，作壶。	弧，作壶。	三家同。
《蹇》象	往得中也。		中，和也。	中，适也解卦象同。	郑王义同。
《蹇》六四	往蹇来连	连，亦难也。	连，迟久之意。		马郑义同
《解》象	雷雨作，而百果草木皆甲宅。	宅，根也。	根曰宅，宅居也。		马郑义同
《夬》九三	其行次且	作“次且”，却，行不前也，且，语助也。	作“越趄”	作“越趄，越趄，行止之碍也。”	三家义同
《夬》九五	苋陆夬夬	苋陆，一名商陆，一名章陆。	苋陆，商陆也。	苋陆，一名商陆。	三家同
《姤》象	后以施命诰四方。		诘，止也。	诘，止也。	郑王同
《姤》初六	系于金柅	柅者，在车之下，所以止轮，令不动者也。		作抳，从手，抳，织绩之器，妇人所用。	马王不同
《姤》九五	以杞包瓜	杞，大木也。	杞，柳也。		马郑义同
《萃》	萃亨	无亨字	无亨字	有亨字	马郑同，不与王同。
《萃》象	君子以除戎器。		除，去也。	除，犹修治	郑王不同
《萃》初六	若号	号，户羔反	号，户羔反	号，户羔反	三家同
《萃》六二	孚乃利用禴。	禴，殷春祭名。	禴，夏祭名。	禴，殷春祭名。	王从马说，不与郑同。
《萃》上六	赍咨涕洟。	咨，悲声怨声。	赍，咨嗟叹之辞也。		马郑义同
《升》	（卦名）	升，高也。	升，上也。		马郑义同

续表

篇目	经传文	马融	郑玄	王肃	备注
《升》六四	王用亨于岐山	亨，许雨反。亨，祭也。	亨，许雨反。亨，献也。	亨，许雨反。	注音三家同，马郑释义同。
《困》九四	来徐徐	作“徐徐”，安行貌。		作“余余”	马王义同所用字不同。
《困》九五	劓刖。		劓刖，当作倪	作鵙鼿，不安貌。	郑王义同，所用字不同。
《井》九二	井谷射鲋，敝漏。		九二坎爻也，坎为水，上直巽生一艮爻也，艮为山，山下有井，必因谷水所生鱼，无大鱼，但多鲋鱼耳，言微小也，夫感动天地，此鱼之至大；射鲋井谷，此鱼之至小，故以相况。	射，厭也，鲋，小鱼也。	郑王义同。
《革》	（卦名）	革，改也。	革，改也。		郑从马说。
《鼎》九四	鼎足折，覆公餗。	《释文》“餗”马作“粥”，谓糜也。	糁谓之餗。		马郑义同。
《鼎》六五	鼎黄耳金铉。	铉，扛鼎而举之也。	金铉，喻明道能举君之官职也。		马释物，郑玄释义理。
《震》	震来虩虩，笑言哑哑。	虩虩，恐惧貌，哑哑，笑声。	虩虩，恐惧貌，哑哑，乐也。		马郑义同。
《震》六三	震苏苏	苏苏，尸禄素餐貌。	苏苏，不安也。	苏苏，躁动貌。	郑王同，不与马同。
《震》上六	震索索，视矍矍。	索索，内不安貌。矍矍，中未得之貌。	索索，犹缩缩，足不正也。矍矍，目不正。		马郑义同。

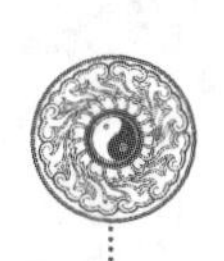

续表

篇目	经传文	马融	郑玄	王肃	备注
《艮》九三	艮其限，列其夤。	限，要也。	限，要也。		郑从马说。
《艮》九三	厉熏心。	薰灼其心。		熏灼其心	王从马说。
《渐》初六	鸿渐于干。		干，谓大水之旁，故停水处。	干，山间涧水也。	郑王不同。
《渐》六二	鸿渐于磐，饮食衎衎。	磐，山中磐纡，衎衎，绕衎。		衎衎，宽饶之貌也。	马郑义同。
《归妹》九四	归妹愆期。	愆，过也。		愆，过也。	王从马说。
《丰》六二	丰其蔀。	蔀，小也。	郑本作“丰其菩”，注曰：“菩，小席也。”		马郑义同。
《丰》上六	闃其无人。	闃，无人貌。	闃，无人貌。		郑从马说。
《丰》上六象	自戕也。	戕，残也。	戕，伤也。	戕，残也。	三家义同，王从马说。
《旅》初六	旅琐琐。	琐琐，疲獘貌。	琐琐，犹小小也。	琐琐，细小貌。	郑王义同，不与马同。
《涣》初六	用拯马壮吉。	拯，举也。		拯，拔也。	马王义同。
《涣》九五	涣汗其大号。		王者出令，不可复返，喻如身中汗出不可返也。	王者出令，不可复返，喻如身中汗出不可返也。	郑王同。
《中孚》象	利涉大川乘木舟，虚也。		舟谓集板，如今自空大木，为之曰虚。	中孚之象，外实内虚，有似可乘虚木之舟也。	郑以物释，王以卦象言之。
《既济》六二	妇丧其茀。	茀，首饰也。	茀，车蔽也。	茀，首饰也。	王从马说，不与郑同。
《系辞上》一	在天成象，在地成形。	象，日月星，形，植物、动物也。	日月星辰也，形草木鸟兽也。	成象，日月星辰也。成形者，山川群物也。	马郑义同，不与王释“成形者”同。

续表

篇目	经传文	马融	郑玄	王肃	备注
《系辞上》一	而易成位乎其中矣。	作“而易成位乎其中矣”		作“而易成位乎其中矣”	王从马说。
《系辞上》二	三极之道也。	三极，三统也。	三极，三才也。	阴阳、刚柔、仁义为三极。	三家不同。
《系辞上》三	震无咎者，存乎悔。	震，惊也。	震，惧也。	震，动也。	马郑同，不与王同。
《系辞上》四	犯违天地之化而不过。	作“犯违”	作“范围”，范，法也。	作“犯违”。	王从马说，不与郑同。
《系辞上》五	故君子之道鲜矣。	鲜，少也。	《释文》“鲜矣”郑王作“尟”。尟，少也。	《释文》“鲜矣”郑王作“尟”。尟，少也。	三家义同。
《系辞上》八	野容诲淫。		《释文》“冶容王肃郑玄作“野容”。言妖野容仪，教诲淫泆野。	《释文》“冶容“王肃郑玄作“野容”。言妖野容仪，教诲淫泆野。	郑王同。
《系辞上》九	大衍之数五十，其用四十有九。	易曰太极，谓北辰也。太极生两仪，两仪生日月，日月生四时，四时生五行，五行生十二月，十二月生二十四气，北辰居位不动，其余四十九转运而用也。	天地之数五十有五，以五行气通，凡五行减五，大衍又减一，故四十九也。		马郑不同。
《系辞上》十一	神武而不杀者。	杀，所灭反。	杀，所灭反。	杀，所灭反。	三家同。
《系辞上》十一	是故，易有太极。	太极，北辰也。		此章首独言“是故”者，总众章之意。	马王所释角度不同。

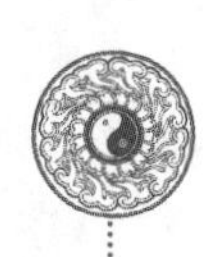

续表

篇目	经传文	马融	郑玄	王肃	备注
《系辞上》十一	河出图，雒出书。	伏羲得河图而作易。	《春秋纬》云河以通乾，出天苞。洛以流坤，吐地符，河龙图发，洛龟书感，河图有九篇，洛书有六篇也。	汉家以火德王，故从各隹。	三家各不同。
《系辞下》二	上古结绳而治，后世圣人易之以书契。		结绳者，事大大结其绳，事小小结其绳。以书书木旁言其事，刻其木谓之书契。书之于木，刻其侧为契，各持其一，后以相考合。	结绳，识其政事。	郑王义同。
《系辞下》二	重门击柝。	柝，两木相击以行夜。	击柝，为守备警戒也。		马郑义同。
《系辞下》九	噫，亦要存亡吉凶。	噫，辞也。		噫，辞也。	王从马说。
《系辞下》九	则居可知矣	居，如字，处也。	居，辞，音基。	居，音基。	郑王释音同，郑释义不同。
《系辞下》九	知者观其彖辞则思过半矣。	彖辞，卦辞也。	彖辞，爻辞也。	彖，举象之要也。	三家各不同。
《系辞下》十一	易之兴也，其当殷之末世周之兴也，当文王与纣之事邪。	卦辞文王，爻辞周公。	据此言，以易是文王所作断可知矣。”		马郑不同。
《系辞下》十二	成天下之亹亹者。		亹亹，没没也。	亹亹，勉也。	郑王不同。

续表

篇目	经传文	马融	郑玄	王肃	备注
《说卦》一	参天两地而倚数。	马注："天数五，地数五，五位相得而各有合，以为五位相合，以阴从阳，得三合一。谓一三与五也，地得而合，谓二与四也。"	天地之数备于十，乃三之以天，两之以地，而倚托大演之数五十也，必三之以天，两之以地者，天三覆，地二载，欲极于数，庶得吉凶之审也。	系辞云，天数五，地数五，五位相得而各有合，五位相合以阴阳，天得三，合谓一三与五也，地得两，合谓二与四也，倚，立也。	三家义同，王从马说。
《说卦》三	雷风相薄。	薄，入也。	薄，入也。		郑从马说
《说卦》六	水火不相逮		水火相逮。	水火相逮。	郑王同。
《说卦》十	震一索而得男	索，数也。		索，求也。	马王不同。
《序卦》上	豫必有随。		喜乐而出人则随从，孟子曰："吾君不游，吾何以休，吾君不豫，吾何以助"，此之谓也。	欢豫人，必有随，随者皆以为人君喜乐欢豫则以人所随。	郑王义同。
《序卦》上	不养则不可动，故受之以大过。		养贤者宜过于厚。	过莫大于不养。	郑王所释侧重点不同。
《杂卦》	蛊则饬也。		饬，作饰。	饬，作饰。	郑王同。

通过上表的比较可以看出，马融现存《周易》注158条，郑玄现存《周易》注313条，王肃现存《周易》注145条，其中马融与郑玄并存的共81条，相同或义同的为49条，不同或注释角度不同的共32条，马郑注相同或义同占马郑并存总数的约60%；马融与王肃并存共55条，相同或义同的共34条，不同或无法比较的共21条，马王注相同或义同占马王并存总数的约62%。郑

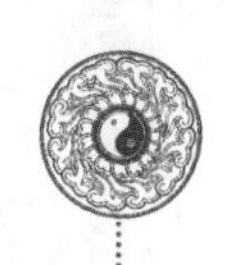

续表

王并存的共 71 条，相同或义同的共 44 条，不同或注释角度不同的共 27 条，郑王注相同或义同占郑王并存总数的 62%。可见，在学术继承上王肃“然其训诂大义则出于马、郑者十七”。（张惠言语）王肃在易学上还是比较忠于马、郑的，与郑玄的争论，更侧重于“三礼”方面，易学上的继承特点较为明显。

其次，王肃经解虽多以郑玄为非，但是他不是盲目反对郑玄，他认为郑玄注解正确的地方也都作了较好的继承。王肃注经于马融和郑玄之间是有取舍的，而取舍的标准是他自己对于经义的理解。以往学者认为，郑玄用古文学，则王肃用今文学反对之；郑玄用今文学，则王肃用古文学反对之。从比较看，情况并非如此。毕竟王肃所释为全经，实际上根本无法做到与郑玄处处立异。王肃解经多同马融，说明他在经义取舍上偏重于古文经学而已。郑玄解经，今古文兼用，而且多用谶纬，但从现存的资料来看，马融和王肃注经未曾用谶纬，这正是古文经学的一大特点。

再者，在解经的过程中，郑玄和王肃都根据个人对于经义的理解来解释经传。因为他们本来就是今古文并通的“通儒”，因此在解经之时，如果觉得今文解释正确就用今文，古文解释更合适便用古文。而每个人在做学问的时候总是有偏好的，也许王肃更偏重于古文经学的解经体系，因此，他注经多取古文经学之义。马融是古文经学大师，从王郑注经多从马融来看，马融在当时的影响非常大。

第八章　易学影响

到了魏晋之后，易学由两汉象数之学开始转变为义理之学，在转变过程中王肃易学起到了重要的过渡作用，对魏晋易学玄学化以至宋代易学的发展都有推动和启发作用。

第一节　象数与义理的内涵

“象数”与“义理”作为易学思想的两种表述方式，几千年来，无论是民间陋巷里“半仙”们的卦术操作，还是学界宿儒们形而上的义理阐释，都作为易学文化的一部分在生生不息地存在着、发展着，为古老的易学文化增添着新鲜血液和丰富内涵。从某种意义上讲，这两个方面实际上形成了传统易学研究和发展的两条主线，即所谓的义理派和象数派。

一、象数的内涵

《周易》一书，以八卦、六十四卦、三百八十四爻组成至为严密的符号象征体系，而各卦、各爻之间又含藏着阴阳奇偶的变化之数，这就是《周易》的“象数”的内涵。

“象”是指卦象、爻象，源于上古巫师口头流传的占筮术。卦有卦象，爻有爻象。总释一卦称为“大象”，分释各爻称为“小象”。它有三种含义：其一是阴爻、阳爻、八卦及六十四卦的形象；其二是爻、八卦及六十四卦所

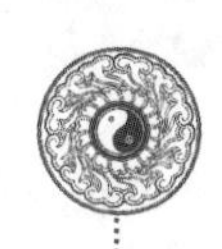

象征事物的形象，如乾卦象征天，艮卦象征山，坤卦象征地等；其三是卦辞和爻辞中提到的具体事物的形象。如乾卦中飞龙在天是爻辞中的形象。

“数”是指《易经》六十四卦，三百八十四爻的排列关系，它们反映卦义，也反映其中的数理关系，并隐藏现代科学知识。亦有三种含义：其一是卦中各爻的属性，如老阴、老阳、少阴、少阳等，它们分别与六、七、八、九这四个数字相联系，老阴一六，老阳一九，少阴一八，少阳一七；其二是爻在卦中的顺序数，如八卦中最下面的叫初爻，最上面的叫上爻，其他分别称为二、三、四、五爻；其三是在占卜过程中运用数学进行计算，各种起卦的运算较为复杂且不尽相同。

关于《周易》的象数功能，《系辞传》有清晰的表述。《系辞传上》曰：“子曰：‘书不尽言，言不尽意。’然则圣人之意，其不可见乎？子曰：圣人立象以尽意，设卦以尽情伪，系辞焉以尽其言，变而通之以尽利，鼓之舞之以尽神。乾坤，其易之蕴邪？”作为构成《周易》一书的三个基本要素：圣人之意、卦爻象、卦爻辞，彼此是相互依赖的关系。《系辞传》作者认为圣人在“尽意”之时，“立象”和“系辞”作为两个依赖的主要表述手段，起到了重要作用。且由于“象”在表述圣人之意的过程中所具有的独特性，在表述的有效性上具有先于言辞的价值。故《系辞传》作者又直接将“易”概括为“象”，曰：“是故易者，象也。象也者，像也。”

象和数在运用中紧密联系，不可分割，广为应用，所以象和数归为象数学派。象数学派认为卦爻辞系统的建构依托于卦爻象系统，只有通过将卦爻辞系统还原为卦爻象系统，方能把握卦爻辞系统的真实意义，并且认为由于卦爻象系统在易学发展的历史序列中产生得最早，因此是更接近于圣人之义的表述方式，故对卦爻象系统的把握，其实就等于对卦爻象所蕴含的圣人微言大义的领悟。因为，卦爻象是圣人微言大义的直接表述，除此之外不存在第二种直接表达方式。在汉代，孟喜、焦延寿、京房、郑玄等人以象数解易，创立卦气、纳甲、爻辰、互体等学说，“象数学”由此产生。汉代京房在其所著《京氏易传》中建构了八宫卦序，基本具备了后世纳甲筮法的程序原则。京房把纳甲、纳支（后来广义的纳甲也包括纳支）、飞伏、互体、建候、五行等作为断卦析卦的指标，利用干支、五行之相生相克及卦象及每爻的爻象爻位等来预测事情，脱离了古代占筮中死守卦爻辞的呆板做法，并经过进一步完善，由八宫卦推广到六十四别卦，成为流行最为广泛的一种周易筮法。北宋邵雍又创“先天学”，使象数的含义不断扩展，演变成包含天文、历法、乐律、养生在内的庞杂的象数体系，与“术数”难以划分清晰的界限。

关于《周易》的性质宋代易学家兼理学家朱熹有过明确的说明：“《易》乃卜筮之书，古者藏于太史太卜以占吉凶，亦未有许多说话。及孔子，始取而敷绎为《文言》《杂卦》《彖》《象》之类，乃说出道理来。《易》只是卜筮之书，今人说来太精了，更入粗不得。《易》所以难读者，盖《易》本是卜筮之书，今却要就卜筮中扒出讲学之道，故成两节功夫。”[①] 由此可知，作为义理派的朱熹还是非常客观地承认了象数是《易经》原义。

清代魏荔彤在其《大易通解》中曾说：“《易》之义理，本是象数出。未有系辞（按：此“系辞”指《周易》卦爻辞，非《系辞传》）之前为天文学之《易》，则义理体也，象数用也；既有系辞之后，象数反为体，义理因辞而著，又为用矣。今之学者，全求义理于文字，非有用无体之学乎？故朱子曰：‘未有系辞时，占者即于卦爻内能知吉凶’，此论义理乎？论象数乎？非从象数中求义理，占者何自而知吉凶哉！且文王、周公两圣人未系辞前，若非象数，又何依据而系辞也？可见象数之学不可废也。”[②] 这段论述实际上强调了象数是《易》之本，而义理则为其末和用。

二、义理的内涵

《周易》的卦象、爻象、卦爻辞，通过特殊的象征形式展示了宇宙、大自然、人类社会种种复杂万端的事物对立、变化、发展的哲理，这就是《周易》的“义理”内涵。

“义”是指卦名、卦爻辞的含义，反映社会的伦理道义。文王演易便包含伦理的论述，而孔子注易则使其完善。“理”是指《易经》的原理、道理，

① （宋）朱熹：《朱子语类》第4册，崇文书局，2018年，第1224页。

② （清）魏荔彤：《大易通解》，《四库全书珍本全集》第10集，沈阳出版社，1998年，第5144-5145页。

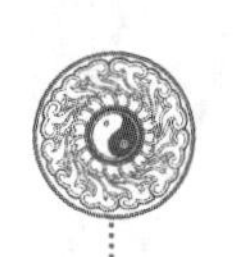

反映《易经》对事物规律的探讨，即“易道之分析”，是深邃的哲学思想。义和理无形无象，不能单独存在，需要通过文字或图形的表述才能显现出来。例如：乾之义为刚健，坤之义为柔顺，兑之义为悦，艮之义为止等。再如：日月等天体运行规律周而复始，从不间断，且威力强大。就是因为地能顺承天体的运动而生化万物，这就是“理”。“义”和“理”是紧密联系在一起的，“义”源于“理”，所以“义”和“理”可归为义理学派。

与“象数”不同，“义理”体现了《易经》的哲学思想，提出“一阴一阳之谓道”“天地感而万物化生”“刚柔相推而变在其中”“生生之谓易”“穷则变，变则通，通则久”等关于宇宙根本规律的命题，认为人应该待时而动、自强不息，要有忧患意识。但也宣扬“天尊地卑”的等级观念以及“自天佑之，吉无不利”的神灵思想。

义理学派的代表人物首推魏晋时的王弼，王弼基于“得意在忘象”的理论，对象数易学上述言“理”的方式作出了批评。他在《明象》一文中指出：夫象者，出意者也。言者，明象者也。尽意莫若象，尽象莫若言。言生于象，故可寻言以观象；象生于意，故可寻象以观意。意以象尽，象以言著。故言者所以明象，得象而忘言；象者，所以存意，得意而忘象。犹蹄者所以在兔，得兔而忘蹄；筌者所以在鱼，得鱼而忘筌也。然则，言者，象之蹄也；象者，意之筌也。是故，存言者，非得象者也存象者，非得意者也。象生于意而存象焉，则所存者乃其象也，言生于象而存言焉，则所存者乃非其言也。然则，忘象者，乃得意者也；忘言者，乃得象者也。得意在忘象，得象在忘言。故立象以尽意，而象可忘也，重画以尽情，而画可忘也。（《周易略例》，第609页）这段文字大体概括了王弼易学对“象”和“意”两者关系的理解。一方面“象者，出意者也”，“象”构建了一个象征宇宙万物形态和属性的符号世界，其功能在于开显《周易》深层的意义世界（即“意”）；另一方面“言者，明象者也”，卦爻辞（即“言”）又以文字的形式来说明“象”之内容可见，“象”是介于言辞和意义之间的必要环节。

对于“义理”的发挥，后世甚为庞杂。王弼认为象数家说得太玄，有些穿凿附会，所以他注《易经》，一扫象数，直契义理，而用义理来解释《易经》，但他的义理不多是以老庄玄学解说。到了宋代，程颐、朱熹以理学解说易理，其中程伊川是偏向义理的，朱熹则认为《易经》本来的意思不止是义理，应该回归它原来面目，所以他象数、义理两面同等看待。朱熹的易经注解叫作《周易本义》，就是想恢复《周易》本来面目的意思。此外又有张载以气学解说易理，杨简以心学解说易理，等，义理学家们均以自己的见解来发挥，其中不少已偏离《易经》原意。

曾针对历代各家《易》说《四库全书总目》进行了简单概述："《左传》所记占者，盖犹太卜之遗法。汉儒言象数，去古未远也。一变而为京、焦，入于禨祥；再变而为陈、邵，务穷造化，《易》遂不切于民用。王弼尽黜象数，说以老庄。一变而胡瑗、程子，始阐明儒理；再变而李光、杨万里，又参证史事，《易》遂日启其论端。此两派宗，已互相攻驳。又易道广大，无所不包，旁及天文、地理、乐律、兵法、韵学、算术，以逮方外之炉火，皆可援《易》以为说，故《易》说愈繁。"（经部易类提要）这段话基本上把中国古代易学发展演变的轨迹理清了。

"象数"与"义理"作为易学思想的两种表述方式，彼此在互相攻击对方的时候，往往立足于本学派的理论前提，攻击对方的理论前提，从而从不同的思维角度对易学思想进行了相应的表述。象数易学从象数的角度，将易学放置在历史维度下，根据《周易》一书的成书过程，肯定了"象数"表述方式的有效性，反驳了义理易学提出的"不确定性""不明晰性"和烦琐的诘难，从客观的"本真"角度进行了有效的自我辩护。而义理易学派则立足于"意义"至上论，拉平了《周易》在历史上的不同表达，使"意义世界"成为超越性的存在，成为所有表述的终极追求目的，并立足于主体自我理论构建，用"六经注我"的方式，给予易学思想表述的最大自由空间，反对象数易学设置的象数牢笼，贬斥"象数"表述方式的工具价值，凸显了"意义世界"的至高无上性。在易学史的发展历程中，两派在不同历史阶段的争锋和互相诘难，促进了双方理论的不断更新，从而为易学自身的发展不断地注入新鲜血液，或者可以毫不夸张地说，整个易学发展史，就是"象数"和"义理"两种表述方式的不断交锋和不断融合的历史。

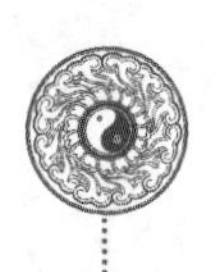

第二节 为易学由象数转向义理起到重要的推动作用

汉代的今古学之争表现在各个经书的解释系统中，《周易》也不例外。一般认为，汉代的《易》学传授有两个系统，一是官方易学，即今学系统。孔子死后，传《易》学于商瞿，经六世后传于齐人田何。至汉兴，田何后又传于杨何，司马谈再受《易》于杨何。至西汉中后期《易》有施、孟、梁丘之学，其传承大致为丁宽—田王孙—施仇、孟喜、梁丘贺。孟喜又传《易》于焦延寿，焦影响京房，于是又有京氏易。但据《汉书·儒林传》记载，“成帝时，刘向校书，考易说，以为诸易家说，皆祖田何、杨叔元、丁将军，大谊略同，唯京氏为异党。焦延寿独得隐士之说，托之孟氏，不相与同。”[①] 刘向认为京氏易不出自田何系统，焦延寿传给京房的易学并非来自孟喜，而是假托孟喜之名。《易》有施、孟、梁丘、京氏，这就是官方易学的代表。二是以费直为代表的未立于官学的民间易学传授系统，即古学系统，《隋书·经籍志》载有其传承线索，“汉初又有东莱费直传《易》，其本皆古字，号曰《古文易》。以授琅邪王璜，璜授沛人高相，相以授子康及兰陵母将永。故有费氏之学，行于人间，而未得立。后汉陈元、郑众，皆传费氏之学。马融又为其传，以授郑玄。玄作《易注》，荀爽又作《易传》。魏代王肃、王弼，并为之注。自是费氏大兴，京氏遂衰。”[②] 可见费直的易学不仅成为了一个重要的流派，有明确的谱系传承，而且还是古文易学，东汉古文学家如陈元、郑众、马融、郑玄等皆习“费氏易”，三国时期荆州学派的代表人物宋忠亦传承“费氏古文易”。

关于费直，《汉书·儒林传》中记载：“费直字长翁，东莱人也。治易为郎，至单父令。长于卦筮，亡章句，徒以彖象系辞十篇文言解说上下经。

① （东汉）班固：《汉书》第11册，中华书局，1962年，第3601–3602页。

② （唐）魏征：《隋书》卷三十二，中华书局，1997年，第912页。

琅琊王璜平中能传之。”[1]可见费氏易的特点是不为章句之学，仅以《易传》来解经。与立于官学、擅长卦气和象数的孟京易相比，费氏易有重义理的特点。与长于章句、固守师法、动辄万言、烦琐支离的今学家相比，费直的治易方法更加简明平实，因此为古文学家们所崇尚。

荆州学派的代表人物宋忠的治易大方向传承了费氏易学，重义理阐发，轻象数，表现为以史解易、以人事解易等。宋忠采象数多是简单地以本象言本卦，并且他用卦象是为了明义理，而非必然要用。因此，宋忠对象数的态度是用卦象而又不拘泥于卦象，一切以阐明义理为目的。宋忠对占筮的态度，则可以从他对《太玄》的注解中看出。三国陆绩得到宋注《太玄》本，评价为“而仲子失其旨归，休咎之占，靡所取定”[2]，即陆绩认为宋注本不讲占筮，因此失却了《太玄》的宗旨。宋忠注《易》，不是简单地占卜吉凶祸福，而是通过易理之阐发，来指导人们的实践活动。值得注意的是，宋忠注《易》并未言及灾异和神仙谶纬学说，这是一大进步，但宋忠也并未废汉易的互体、升降、卦气等象数易的因素，因此表现出略为驳杂的特点。汤用彤先生曾分东汉末年到三国初的易学流派为三个：江东虞翻等人，荆州宋忠等人，北方郑玄等人。而荆州学派的易学研究多同时关注《太玄》，被认为是魏晋玄学之宗，起到了上启汉易、下开魏晋易的作用。总的来说，荆州易学剔除了汉易的灾异学说，不言谶纬，追求简明的义理以指导人的活动，它所昭示的理性主义精神，相比汉易中的神秘成分，是一种时代的进步，很好地为易学的创新阐释做了铺垫。

东汉末年官学凋敝，学问的传承主要以是士家大族族学、家学的形式进行，而士族本就是东汉盛行的私学的场所，私学中又以古学为重。荆州学派治学不专于一经一家之言，且治学偏重简明求实，发明义理，与两汉今学迥然不同，对当时学术方向的发展起到了推波助澜的重要作用。在汉魏之际，随着汉代政权的分崩离析和天命论等神学系统的崩溃，笼罩着神学外衣的谶纬学失去了生存的土壤，遭到诸多学者的反对。反对谶纬的理性思想表现在易学研究上，

① （东汉）班固：《汉书》卷三十，中华书局，2012年，第3602页。

② （清）严可均：《全上古三秦汉三国六朝文》第3册，河北教育出版社，1997年，第653页。

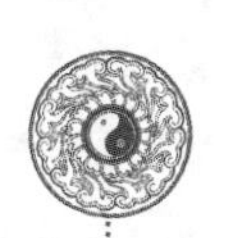

就是更加注重义理的阐发，有排斥烦琐的象数解易原则的倾向，并且不谈谶纬。

王肃生活在三国时期，他看到了自西汉以来专以象数治易存在的问题，同时受宋忠治学影响，适应要求变革的时代思潮，与以往的易学家相比，其《易注》的义理化特点很显著。他继承荆州学派解易之风，扫落阴阳谶纬、互体、卦变等神秘主义因素和烦琐的解易方法，发挥了自己深研儒家“三礼”之学的优势，以礼解易，以理说易；发挥简明求实之风，对易中文字简明训诂，清楚明了；接续汉代一直流传的道家思想，阐发自然无为的天进观和政治观等。在坚持以义理解易的原则下，王肃易注表现出以传解经，重义理轻象数，不废互体的特点。

从《圣证论》上看，王肃反郑的最主要问题都在礼制方面，如丧礼、庙制、祭礼、嫁娶之礼等，而在易注方面，王肃对郑学有较多继承。同时，王肃在易学方面摒弃了郑玄易学的谶纬成分，轻象数重义理，相较郑玄易学而言，更有时代的进步性。

王肃使用训诂法、义理法、爻位法、以礼注易和以史注易法。其中训诂法是通过对《周易》文辞的字、词、句的考释和解说，来解释易辞文本的语义。义理法是关注人事，阐明事理，以经世致用为目的的方法。爻位法是继承《易传》以爻位注《易》的传统，以爻所居位置及其相互之间关系进行取象的方法。此外王肃还注意用当时的社会风俗习惯、历史事件等内容诠释《周易》。

总之，在坚持以义理解易的原则下，王肃采用以易解易、以事理说易等方法注《易》。同时王肃也讲象数，其讲象多以本象说本卦。除此之外，他不废互体，较之王弼的尽废互体而言，是象数易向义理易的过渡。从易学发展的角度来看，王肃的释易方法对易学玄学化及王弼等有重要影响，以义理化为特色的注易方式，到了王弼，更为显著，所以王肃应是易学从象数发展到义理的重要过渡。

第三节 王肃对王弼的影响

王肃治经敢于打破权威，以革新精神从治学思路和治学方法上大胆创新，为学术发展注入新活力，他援道入儒，注易采取儒道兼治的思想，使其《易注》表现出不同于以往的义理化倾向，促进了易学的玄学化。在治易方法上，不盲从两汉重象数的传统，适应时代的需要，另辟蹊径，重义理而轻象数，不言爻辰、卦变之说，反对谶纬，注易简洁明了，一改以往繁琐之弊，这些都对王弼产生重要影响。

汤用彤《王弼之〈周易〉〈论语〉新义》云："王弼之家学，上溯荆州，出于宋氏。夫宋氏重性与天道，辅嗣好玄理，其中演变应有相当之连系也。又按王肃以宋忠读《太玄》，而更为之解。张惠言说，王弼注《易》，祖述肃说，特去其比附爻辰者。此推论若确，则由首称仲子（宋忠），再传子雍（王肃），终有辅嗣（王弼），可谓一脉相传者也。"[①] 将王肃易注与王弼易注相比，汤先生的推论确有道理。王肃治学多得宋忠真传，《蜀书·李撰传》说撰所著《古文易》《尚书》《毛诗》《三礼》《左氏传》《太玄指归》诸书，"皆依准贾、马，异于郑玄。与王氏（肃）殊隔，初不见其所述，而意归多同。"李、王互不相识，未曾谋面，又加魏蜀悬隔，不见其书，为什么两人所著在内容上竟"意归多同"呢？其原因就在于李撰、王肃之学都出自宋忠。王弼家学亦是出自荆州学派，王弼叔祖王粲及祖父王凯，三国时，往游荆州，从学刘表、宋忠诸人，故荆州学派的古文经学是王弼之家学。同时王弼正是在王肃经注及其父《易传》皆列于学官时，研经习典，走上学术领域并成为大家的。所以王弼自然成了王肃古学的继承者和反对郑玄的推波助澜之人。《隋书·经籍志》："魏代王肃，推引古学以难其义。王弼、杜预从而明之，

① 汤用彤：《魏晋玄学论稿》，上海古籍出版社，2001 年，第 79 页。

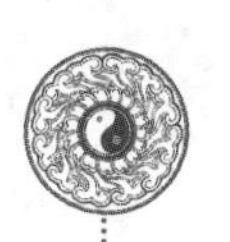

自是古学稍立。”吴检斋曾说：“汉儒说经各守师法，至郑君遍治经纬，兼通古今，……子雍继起，远绍贾、马，近传父业，乃专以郑学为雠。其言‘心之精神为谓圣’，以为玄学之宗。然则伪孔之传、清言之绪，亦自子雍启之。其关于学术升降者盖亦大矣！”[①]作为国家正宗的“王学”，与王弼父祖相承的家学同源，无疑应是王弼入学甚至安身立命的首要选择。因此张惠言曾说：“王弼祖述王肃，而弃其比附爻象者。于是空虚不根，而道士之图书作矣。”[②]从二人的《易注》来看，王弼继承了王肃的治易成果，在许多方面都有表现：

首先，王肃以儒道兼治思想来研究经学，治经内容继承了荆州学派的传统，以驳郑为目标对儒家经典给予重新阐释，倾向于道家自然无为的天道观和由天道观推及的人道政治观，治经形式上偏于义理的发挥，解说简明扼要，这促进了经学内部变革中玄学思潮的萌芽。蒙文通先生曾言：“变汉儒之学者，始于刘表，大于王肃，而极于杜预、王弼、范宁、徐邈。刘表在荆州，集綦毋闿、宋忠、司马徽诸儒，为《五经章句后定》。是反康成异汉说者，莫不渊源于荆州，而子雍（王肃）其最也。”[③]王肃治学思路，对王弼有一定的影响。王弼以老庄注易，尽扫象数，只言义理，把《周易》研究推向玄学化道路上去，其《易注》成为易学发展的里程碑，标志着义理易学的兴盛。

其次，在治易方法上，王肃反繁琐，重义理，轻象数，不废互体。王弼注易义理化倾向更为突出，不仅尽扫象数，只以义理释易，还对汉代象数易学有明确的批评言论，他认为汉易象数之学“而或者定马于乾，案文责卦，有马无乾，则伪说滋漫，难可纪矣。互体不足，遂及卦变；变又不足，推至五行，一失其原，巧愈弥甚，纵复或值，而义无所取。”[④]

再者，在具体释易方法上，二人亦有相同之处，都以传解经，以爻位释易。此外，王弼在《明卦适变通爻》中对这些易例也进行了概括总结如：“夫应者，同志之象。”“夫位者，爻所处之象也。”“承乘者，逆顺之象也。”

---

① 吴承仕：《经典释文序录疏证》，中华书局，1984年，第42页。

② （清）张惠言：《易学十书·易义别录》，广文书局，1971年，第1236页。

③ 蒙文通：《经学抉原》，巴蜀书社，1995年，第269页。

④ 楼宇烈：《王弼集校释》，中华书局，1980年，第632页。

对王肃易学有一定的发展。将王肃与王弼易注相比较，可发现王弼《周易注》中的许多观点同王肃之说是一致或相近的，如：

《坤》(卦辞)："西南得朋，东北丧朋。"王肃注："西南阴类，故得朋，东北阳类，故丧朋。"王肃认为"同性为朋"，王弼继承并发展了王肃之说，认为"阴之为物，必离其党，之于反类，而后获安贞吉"指出"阴"者必须"丧朋"趋附于"阳"才能获"吉"，并以"丧朋"句连下文"安贞吉"为义。

《讼》九五象曰："讼元吉，以中正也。"王肃注："以中正之德，齐乖争之俗，元吉也。"王弼进一步解释了王肃之义"处得尊位，为讼之主，用其中正，以断枉直，中则不过，正则不邪，刚无所溺，公无所偏，故讼元吉"

《剥》："六四，剥床以肤。"王肃注："在下而安人者床也，在上而处者人也。坤以象床，艮以象人，床剥尽以及人身，为败滋深，害莫甚焉。故剥床以肤凶也。"王弼依王肃之义注为："剥道浸长，床既剥尽，以及人身，小人遂盛，物将失身，岂唯削正，靡所不凶。"

《颐》："六二，颠颐，拂经于丘，颐征凶。"王肃注："养下曰颠，拂，违也。经，常也。丘小山。谓六五也。二宜应五，反下养初，岂非颠颐违常于五也。故曰拂经于丘矣。拂经遂阻常理养下，故谓养贤。上既无应，征必凶，故曰征凶。"王弼注云："养下曰颠，拂，违也，经，犹义也，丘所履之常也。处下体之中，无应于上，反而养初，故曰颠颐。居下不奉上，而反养下，故曰颠颐，拂经于丘也，以此而养，未见其福也，以此而行，未见有与，故曰颐贞凶。"

《颐》上九："由颐，厉吉，利涉大川。"王肃注："厉，危。"王弼注云："贵而无位，是以厉也。"与王肃义近。

《习坎》初六："入于坎窞。"王肃注为："窞，坎底也。"王弼注云："习坎者，习为险难之事也，最处坎底入坎窞者也。处重险而复入坎底，其道凶也。"

《咸》彖："天地感而万物化生，圣人感于心，而天下和平。"王肃注："万物感阳而化生，民感圣人之政而天下和平。"王弼注云："二气相与，乃化生也。天地万物之情见于所感也，凡感之为道，不能感非类者也，故引取女以明同类之义也。同类二不相感应，以其各亢所处也，故女虽应男，之物必下之，

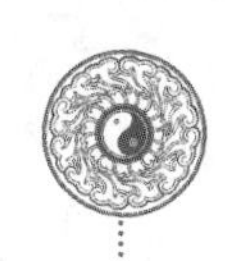

而后取女乃吉。”

《遁》九三象曰:“系遁之厉,有疾斃(今作惫)也。畜臣妾吉,不可大事也。”王肃注为:“三上系于二而获遁,故曰系遁病,此系执而获危惧,故曰有疾惫也。此于六二畜臣妾之象,足以畜其臣妾,不可施为大事也。”王弼注九三爻云:“在内近二,以阳附阴,宜遁而系,故曰系遁,遁之为义,宜远小人,以阳附阴,系于所在,不能远害,亦已惫矣。宜其屈辱而危厉也。系于所在,畜臣妾可也,施于大事,凶之道也。”

《损》:“上九,弗损益之,无咎贞吉。利有攸往,得臣无家。”王肃注为:苋“处损之极,损极则益,故曰不损益之,非无咎也。为下所益,故无咎。据五应三,三阴上附,外内相应,上下交接,正吉也,故利有攸往矣。刚阳居上,群下共臣,故曰得臣矣。得臣则万方一轨,故无家矣。”王弼注云:“处损之终,上无所奉,损终反益,刚德不损,乃反益之,而不忧于咎,用正而吉,不制于柔,刚德遂长,故曰弗损益之,无咎贞吉,利有攸往也。居上乘柔,处损之极,尚夫刚德,为物所归,故曰得臣,得臣则天下为一,故无家也。”

《夬》九五:“苋陆夬夬,中行无咎。”王肃注为:“苋陆,一名商陆。”王弼注云:“苋陆,草之柔脆者也。”二人都注为草,义近。

《萃》(卦辞):“萃亨,王假有庙。”《释文》云:“亨,王肃本同,郑、马、陆、虞并无此字。”可见王肃认为萃聚可致亨通。王弼注云:“聚,乃通也。”

《萃》大象:“君子以除戎器,戒不虞。”王肃注为:“除,犹修治。”王弼注云:“聚而无防,则众心生。”言下之意,除为修治也。

《萃》:“六二,引吉,无咎,孚乃利用禴。”王肃注为:“六二与九五相应,俱履贞正,引,由迎也,为吉所迎,何咎之有。禴,殷春祭名。”王弼注云:“居萃之时,体柔当位,处坤之中,己独处正,与众相于害,故必见引,然后乃吉,而无咎也。禴,殷者祭名也,四时祭之省者也。居萃之时,处于中正,而行以忠信,致之以省薄荐于鬼神也。”

《震》象:“震惊百里,惊远而惧迩也。出可以守宗庙社稷,以为祭主也。”王肃注为:“在有灵而尊者,莫若于天,有灵而贵者,莫若于王,有声而威者,莫若于雷，有征而严者，莫若于侯，是以天子当乾，诸侯用震，地不过一同，雷不过百里政行百里，则匕鬯亦不丧，祭祀国家大事，不丧，宗庙安矣。处则诸侯执其政，出则长子掌其祀。”王弼注云：“威灵惊乎百里，则惰者惧于近也。明所以堪长子之义也，不丧匕鬯，则已出可以守宗庙也。”

《归妹》彖：“征凶，位不当也，无攸利，柔乘刚也。”王肃注为：“以征则有不正之凶，以处，则有乘刚之逆也。故无所利矣。”王弼注云：“以征则有不正之凶，以处则有乘刚直逆。”

《中孚》彖：“利涉大川，乘木舟虚也。”王肃注为：“中孚之象，外实内虚，有似可乘虚木之舟也。”王弼注云：“乘木于川舟之虚，则终已无溺也，用中孚以涉难，若乘木舟虚也。”这与王肃之义同。

以上是王弼《易注》与王肃《易注》的相同或相近之处，通过比较可以看出，王弼对王肃易学确有继承，此外与王弼同时代的，钟会也受王肃影响很大，著有《易无互体论》（见《三国志·魏书·钟会传》），并与荀融辩论，可见王肃对当时的影响。

第四节　王肃对唐宋易学家的影响

六朝之后王肃的影响明显下降，取而代之的是郑玄象数易学和王弼的义理易学，分庭。到了唐代，孔颖达等奉命注《周易正义》，专采王弼之言，鄙弃郑氏之学，专注于义理的发挥，阐发义理之时，往往引用王肃之说以证其言。孔颖达沿用王肃易说之处如：

《乾·文言》：“云从龙，风从虎。”王肃注为“龙举而景云属，虎啸而谷风生。”《正义》云：“云从龙、风从虎者，龙是水畜、云是水气，故龙吟则景云生，是云从龙也。虎是威猛之兽，风是震动之气，此亦是同类相感，故虎啸则谷风生，是风从虎也。”孔疏最能阐发王义。

《乾·文言》：“六爻发挥，旁通情也。”王肃注为：“挥，散也。”《正义》云：“六爻发挥，旁通情者，发为发越也，挥谓挥散也。言六爻发越挥散，旁通万物之情也。”所谓“挥散”正是用王肃之义。

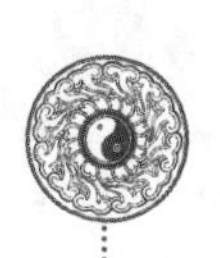

《讼》九二象:“自下讼上,患至掇也。”王肃注为:“掇,若手拾物然。”《正义》云:“患至掇者,掇犹拾掇也。”《大壮》(卦名)王肃注为“壮,盛也。”《正义》云:“大壮,卦名也,壮者,强盛之名,以阳称大,阳长既多,是大者盛壮,故曰大壮。”

《萃》大象:“君子以除戎器,戒不虞。”王肃注为:“除,犹修治。”《正义》云:“除者,治也,人既聚会不可无防备,故君子于此之时,修治戎器,以戒备不虞也。”

《涣》初六:“用拯马壮吉。”王肃注为:“拯,拔也。”《正义》云:“初六处散之初,乖散未甚可,用马以自拯拔,得壮吉也,故曰用拯马壮吉。”

《说卦》:“雷以动之,风以散之;雨以润之,日以烜之;艮以止之,兑以说之;乾以君之,坤以藏之。”王肃注为:“互相备也。”《正义》曰:“此一节总明八卦养物之功。……上四举象,下四举卦者,王肃云:‘互相备也’。明雷风与震巽同用,乾坤与天地同功也。”

从以上例子可以看出,孔颖达或直接引用,或间接参考王肃之说,可见孔颖达对王肃易学价值是认可的,有可取之处。

逮至宋代,理学兴起,程颐、朱熹以性命之理来诠释《周易》,在《程氏易传》和《周易本义》中亦有采用王肃之说处。如《坤》(卦辞)“西南得朋,东北丧朋。”王肃注为:“西南阴类,故得朋,东北阳类,故丧朋。”程子云:“西南阴方,东北阳方”义即为“同性为朋”,朱子《本义》亦如是说。

《随》彖:“而天下随时,随时之义大矣哉。”《释文》云:“而天下随‘时’,王肃本作随‘之’。随‘时’之义,作随‘之’时义。”朱子《本义》于“而天下随时”下云:“王肃本时,作之,今当从之。释卦辞,言能如是,则天下之所从也。”于“随时之义大矣哉”下云:“王肃本时字在之字下,今当从之。”朱子认同王肃的这种更改做法。

《噬嗑》上九象:“聪不明也。”王肃注为:“言其聪之不明也。”朱子《本义》云:“灭耳,盖罪其听之不聪也,若能审听,而早图之,则无此凶矣。”此语可见是申明王肃之义。

《颐》上九:“由颐,厉吉,利涉大川。”王肃注为:“厉,危。”程子云:

“常怀危厉，则吉也。”

《大壮》九三：“君子用罔。”王肃就注为：“罔，无。”程朱二人均注为“罔，无也。”直接沿用王肃之说。

《遁》六二：“莫之胜说。”王肃注为：“说，解说也。”程子沿用王肃这一观点，云：“谓其交之固，不可胜言也。”

《萃》象：“君子以除戎器，戒不虞。”王肃注为：“除，犹修治。”朱子《本义》云：“除者，修而聚之之谓。”同于王肃之说。

《说卦》：“震一索而得男。”王肃注为：“索，求也。”朱子《本义》云：“索，求也，谓揲蓍以求爻也。”

综上所述，王肃《易注》在义理方面对后世是有一定影响的，在易学史上，王肃也是重要的由象数易到义理易的过渡人物，尽管其《周易注》已亡佚，并且清代有些学者对王肃亦有郡薄之词，更由于其造伪书事件，多被学者所不齿，但是我们不能因为这些不足之处，而无视其著述的闪光之处，不能因为瑕疵，而抛弃其整体学术成果。就易学而言，其《周易注》中有些注释，仍有可取之处，值得后人考证肯定。

结　论

王肃的学术成就显著，继郑玄之后，他是唯一能与之抗衡的一代大儒。但因作伪书，被历代文人所鄙弃。他遍注群经，却因与郑玄论争，被认为伪作古书，曲传私说，故遭到学者的鄙薄，以致后人很少知道王肃其人其学。虽然王肃作伪，令人颇有微辞，但其注经，亦有可观之处。

“知人论世”是分析定位学者学术成果的一种基本批评方式，通过前几章的论述，可以看出，王肃易学上的特点与他所处的时代学术风气、学术渊源有很大关系。宋忠、王充，甚至扬雄都对王肃易学义理化影响重大，王肃易学是由象数向义理转变的重要过渡。

王肃《周易注》的注易特点除了许多学者均认识到的“注重义理，以《易传》的观点解释经文，排斥今文经学派和《易纬》解易的学风，不讲卦气、卦变、纳甲等”，还有一点就是不废互体，在其《易注》中，依然能看到对互体的运用，由此也可以王肃对前代易学成果继承和发展的治学态度。

王肃治学的特点是儒道兼治，因此他的易学表现出不同于前人的特色，即援道入易，将道家的天道自然观引入《周易》中，发展了儒家的传统天道观。在此基础上，肯定人的主观能动性，崇尚变通，这种思想不仅在其《易注》中有明显的体现，在其为人处世上亦能发现。王肃站在门阀士族阶级的立场上，在宣扬“天道无为”的自然观的同时，人道上主张君主无为而治，诸侯治国有为，为其本阶级利益代言。

通过对马融、郑玄、王肃三人的易学比较，我们发现“郑王之争”在易学上表现不明显，王肃对马、郑易学都有相当程度的继承，由此亦可知，王肃并非一味反郑，其治学态度还是值得肯定的。

王肃易学的出现体现了学风上的重大转变，适应了学术发展的潮流，推动了易学的发展，为玄学的形成创造了有利的思想环境。王肃易学对王弼易学乃至唐、宋代易学的发展都产生了深远的影响。因此后儒对王肃的微辞，我们应该作辩证的分析，不能以偏概全，亦不能因为王肃政治上的行为，摒弃其学术上的成就。如皮锡瑞于其《经学历史》云："两汉经学极盛，而前汉末出一刘歆，后汉末生一王肃，为经学之大蠹，歆楚元王之后，其父向极言刘氏王氏不并立，歆党王莽篡汉，于汉为不忠，于父为不孝。肃父朗，汉会稽太守，为孙策虏，复归曹操，为魏三公，肃女适司马昭，党司马氏篡魏，但早死不见篡事。二人党附篡逆，何足以知圣经。"这显然是以道德评价来代替文学评价，这种评价对王肃的经学价值是不公允的。因其道德上的瑕疵，而淹没其学术上的贡献也是不可取的。笔者认为观照王肃的易学，应该在纯文学的视野下，给予公允的评价。

总之，通过对王肃易学的深入细致的研究，可以发现王肃易学的重要价值和影响。从整个易学发展史来看，王肃《周易注》为易学从象数向义理的过渡发挥了重要的推动作用。尽管因伪书事件的影响，清代一些学者对王肃学术发表了贬低的言论，但我们不能因此而忽视其著述的闪光之外处，亦不能否定其全部的学术成就。就易学而言，王肃《周易注》的易学思想和注易方法等值得肯定。

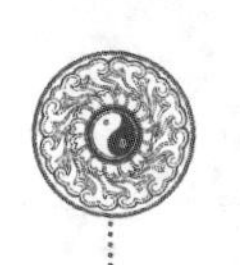

附录一　王肃年谱

汉献帝兴平二年　乙亥　公元 195 年　一岁

生于会稽，是年郑康成六十九岁，据孙星衍撰《郑司农年谱》及黄奭《逸书考》。

汉献帝建安五年　庚辰　公元 200 年　六岁

是年郑康成薨，年七十四。

汉献帝建安十七年　壬辰　公元 212 年　十八岁

从宋忠读《太玄》，更为之解。（本传）

汉献帝建安二十二年　丁酉　公元 217 年　二十三岁

其女元姬生，及笄适司马昭，即晋文明皇后，生晋武帝炎

魏文帝延康元年　庚子　公元 220 年　二十六岁

延康元年即黄初元年，二月壬戌，王朗为御史大夫，冬十一月丙午，文帝(曹丕)践祚改御史大夫为司空，进封平乐乡侯，谏帝戒游猎。(《魏书·文帝纪》)

魏文帝黄初五年　甲辰　公元 224 年　三十岁

为散骑黄门侍郎。本传云黄初中，初为文人习言，既言中，则不知确实年月，故系之于此。

魏文帝黄初七年　丙午　公元 226 年　三十二岁

五月丁巳文帝崩，明帝睿即位。十二月，王朗为司徒。(《魏书·明帝纪》)

魏明帝太和二年　戊申　公元 228 年　三十四岁

十一月其父朗薨，谥成侯，肃嗣。（《魏书·明帝纪·本传》）

魏明帝太和三年　己酉　公元 229 年　三十五岁

拜散骑常侍。（《魏书·王肃传》）

魏明帝太和四年　庚戌　公元 230 年　三十六岁

秋八月，上谏征蜀疏。（本传）

魏明帝太和五年　辛亥　公元231年　三十七岁

上请为大司马曹真临吊表。其女元姬适司马昭。

魏明帝太和六年　壬子　公元232年　三十八岁

三月，奉诏为瑞表。四月，上疏荐果宗庙。十一月议诸王国相，宜为国王服斩缞。上疏陈政本。答尚书难，论禘祫殷宗。

魏明帝青龙二年　甲寅　公元234年　四十岁

三月，汉献帝（山阳公）薨，上疏请山阳公称皇配谥，明帝不从。汉献帝嫡孙杜氏乡侯刘康袭爵，有王侯在丧袭爵议。

魏明帝青龙四年　丙辰　公元236年　四十二岁

以常侍领秘书监，兼崇文祭酒。有论秘书丞郎表。有秘书不应属少府表。

魏明帝景初元年　丁巳　公元237年　四十三岁

秋七月丁卯，司徒陈矫薨，肃答刘氏弟子问所宜服。明帝即位后有改正朔之议，王肃以不改为宜。

魏明帝景初二年　戊午　公元238年　四十四岁

上疏请恤役平刑。陈诸鸟兽无用之物，应蠲除。答明帝问二事。十二月曹爽为大将军。

魏明帝景初三年　己未　公元239年　四十五岁

春正月丁亥，明帝病笃，太尉司马宣王，大将军曹爽并受遗诏辅少主。即日帝崩，肃答尚书访。又有迁主议。

魏齐王正始元年　庚申　公元240年　四十六岁

出为广平太守。

魏齐王正始四年　癸亥　公元242年　四十八岁

秋七月，诏祀故司徒王朗等于太祖庙庭。

魏齐王正始六年　乙丑　公元245年　五十一岁

十二月辛亥，诏故司徒王朗所作易传，令学者得以课试。

魏齐王正始八年　丁卯　公元247年　五十三岁

拜议郎，顷之为侍中，迁太常。时曹爽专权，任用何晏、邓飏等，肃正

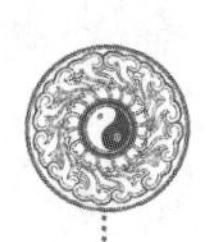

色斥其非。坐宗庙事免。后为光禄勋。

魏齐王嘉平元年　己巳　公元 249 年　五十五岁

正月甲申，司马宣王奏免曹爽、何晏等。戊戌伏诛，夷其三族。

魏齐王嘉平三年　辛未　公元 251 年　五十七岁

秋七月戊寅，太傅司马宣王薨。十二月为光禄勋（《魏书·齐王纪》，是年十二月以光禄勋郑冲为司空，故知是时王肃为光禄勋）。

魏齐王嘉平四年　壬申　公元 252 年　五十八岁

正月司马景王迁大将军，王肃参与朝议。

魏高贵乡公正元元年　甲戌　公元 254 年　六十岁

徙河南尹。十月持节兼太常奉法驾迎高贵乡公于元城。十一月白气经文，答景王之问。

魏高贵乡公正元二年　乙亥　公元 255 年　六十一岁

答景王问安国宁主之术。迁中领军，加散骑常侍。

魏高贵乡公甘露元年　丙子　公元 256 年　六十二岁

肃薨。门生缞绖者以百数。追赠卫将军，谥曰景侯。子恽嗣。恽薨，无子，国绝。景元四年（魏常道乡公年号，公元 263 年）封肃子恂为兰陵侯，以肃著勋前朝，改封恂为承子。

附录二　圣证论

录自马国翰《玉函山房辑佚书》

魏　王肃　撰，晋　马昭　驳，孔晁　答，张融　评

《尚书》禋于六宗，郑元以六宗言，禋与祭天同名，则六者皆是天之神袛，谓星辰司中司命风师雨师。

王肃曰：《家语》四时也，寒暑也，日也，月也，水旱也，为六宗。（《礼记·祭法》孔颖达正义引《圣证论》王肃“六宗”之说，用《家语》之文。）

孔晁曰：乾坤之子为六宗（《礼记·祭法》正义）。魏明帝问王肃“六宗”，竟几对曰：坎为水，离为火，震为雷，巽为风、艮为山，兑为泽，乾坤六子也。（虞世南《北堂书钞》卷九十）

《诗·干旄·良马五之》笺云：五之者，亦谓五见之也。

王肃曰：古者，一辕之车驾三马，则五辔。其大夫皆一辕车。夏后氏驾两，谓之丽，殷人益一，谓之骖，周人又益一，谓之驷，本从一骖而来，亦谓之骖，经言骖则三马之名。（《诗·鄘风·于旌》正义）

孔晁曰：作者历言二代之法。（同上）

《诗·鸱鸮》笺云：成王不知其意，而多罪其属。党兴者，喻此诸臣，乃世臣之子孙，其祖父以勤劳有此官位、土地，今若诛杀之，无绝其位，夺其土地。

王肃曰：案经传内外，周公之党，具存成王，无所诛杀，横造此言，其非一也。设有所诛，不救其无罪之死，而请其官位、土地，缓其大而争其细，其非二也。设已有诛，不得云无罪，其非三也。（《诗·幽风·鸱鸮》正义）

马昭云：公党已诛，请之无及，故但言请子孙土地。（同上）

《伐柯九罭》与《鸱鸮》同年，东山之作，在《豳风》之后，当于《鸱鸮》之下，次《伐柯九罭》《破斧东山》，然后终以《狼跋》，今皆颠倒不次。

张融评曰：简札误编，或者次诗不以作之先后。（《诗・豳谱》正义）

《诗》六月宣王北伐也，郑云：独遣吉甫，王不自行。

王肃曰：宣王亲伐玁狁。（《诗・小雅・六月》正义）

王基曰：六月使吉甫采芑，命方叔江汉，命召公唯常，武宣王亲自征耳。（案《诗正义》引王肃下孔晁上有此节，是王基《毛诗驳文》，郑学之徒，引以难王申郑，故孔晁答及常武据补。）

孔晁曰：王亲自征耳，言六月王亲行，常武王不亲行，故常武曰王命卿士南仲大祖大师皇父，非王亲征也。又曰王奋厥武王，旅嘽嘽，皆统于王师也。又王曰还归将士称王命而归耳，非亲征也。（《诗・小雅・六月》正义）

《诗・小雅・车舝》篇以慰我心，笺云：我得见女之新婚，如是，则以慰除我心之忧也。王肃曰：毛为怨恨之义，韩诗以愠我，心愠恚也。

马昭、张融曰：本或作慰安也，是马融义。（陆德明《释文》引王肃申毛至恚也。下连本或三句云，马昭、张融论之详矣，则此为二家语。）

《诗・采绿》云：五日为期，六日不詹。笺云：妇人过于时，乃怨旷。五日、六日者，五月之日，六月之日，期至五月，而归今六月，犹不至。

王肃曰：五日一御大夫以下之制。（《诗・小雅・采绿》正义）

孔晁曰：传以行役过时，刺怨旷也，故先序家人之情，而以行役者六日不至，为过期之喻，非止六日。（同上）

《诗・皇矣》侵阮徂共，笺云：阮也，徂也，共也，三国犯周，而文王伐之。

王肃曰：无阮、徂、共三国。（《诗・大雅・皇矣》正义）

孔晁曰：周有阮、徂、共三国，见于何书？

张融评曰：晁岂能具数此时诸侯，而责徂、共非国也。鲁诗之义，以阮、徂、共，皆为国名，是则出于旧说，非郑之创造。书传七年年说一事，故其言不及阮、徂、共耳。书传亦无玁狁。《采薇》传玁狁之难，复文王不伐之乎？郑之所言，非吾深趣，皇甫谧，勤于考据，亦据而用之。

《诗・生民》笺云：祀效禖之时，时有大神之迹，姜嫄履之，足不能满履，其拇指之处，心体歆歆然，其左右所止，住如有人道感已者也。于是遂有身，而肃戒不复御，后则生子而养，名之曰弃。

王肃曰：马融曰帝喾有四妃，上妃姜嫄，生后稷。次妃简狄，生契。次妃陈锋，生帝尧。次妃娵訾，生帝挚。挚最长，次尧，次契。下妃三人，皆已生子，上妃姜嫄，未有子，故禋祀求子。上帝大安其祭祀，而与之子，任身之月，帝喾崩。挚即位而崩，帝尧即位。帝喾崩后十月，而后稷生。盖腹遗子也。虽为天所安，然寡居而生子，为众所疑，不可申说。姜嫄知后稷之神奇，必不可害，故欲弃之，以著其神，因以自明。尧亦知其然，故听姜嫄弃之。肃以融言为然。（《诗·大雅·生民》正义）

马昭曰：稷奇见于既弃之后，未弃之前，用何知焉？

张融评曰：稷、契年稚于尧，尧不与喾并处，帝位则稷、契，焉得为喾子乎？若使稷、契必喾子，如《史记》是尧之兄弟也。尧有贤弟七十不用，须舜举之，此不然明矣。《诗》之雅、颂姜嫄履迹而生，为周始祖。有娀以元鸟生商，而契为元王，即如《毛传》《史记》之说，喾为稷、契之父。帝喾圣父，姜嫄正妃，配合生子，人之常道，则《诗》何故但叹其母，不美其父，而云赫赫姜嫄，其德不回，上帝是依，是生后稷，周鲁何殊，特立姜嫄之庙乎？（同上）

《诗·卷阿》伴奂而游矣，笺云：伴奂，自纵驰之意也。

王肃曰：周道广大，而有文章，故君子得以乐，易而来游优，游而休息。（《诗·大雅·卷阿》正义）

孔晁曰：孔子曰，奂乎其有文章，伴乎其无涯。涘一人戒无逸，一人劝使纵驰，事相反戾，乃天之与地，何其疏实而妄争讼也。（同上）

《诗·长发》大禘也，笺云：效祭天也。

王肃曰：大禘为殷祭，谓禘于宗庙，非祭天也。（《诗·商颂·元鸟》正义）

马昭曰：长发大禘者，宋为殷后，效祭以契配，不效冥者，异于先王。故其诗咏契之德，宋无圆丘之祀，唯以效为大祭，且欲别之于夏禘，故云大禘。（同上）

《周礼·天官·玉府》凡王之献，郑注：古者，致物于人，尊之则曰献。

王肃曰：《家语》曰吾闻之，君取于臣曰取，与于臣曰赐，臣取于君曰取，与于君谓之献。（《周礼·天官·玉府》贾公彦疏）

马昭等难曰：《礼记》曰尸饮五王，洗玉爵献卿，况诸侯之有二王，之

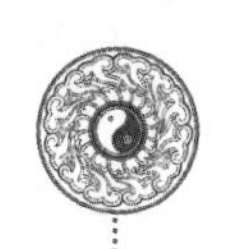

后何得不云献也。（同上）

古者媒氏令男三十而娶，女二十而嫁，凡娶判妻入子者，皆书之中春之月令会。男女于是时也，奔者不禁，若无故而不用令者，罚之。司男女之无夫家者，而会之。郑注曰：二三者，天地相承覆之数也。《易》曰：参天两地而地而奇数焉。书之者，以别未成婚礼者。郑司农云：入子者，谓嫁女者也。元谓言入子者，容媵侄娣不聘之者。中春阴阳交以成婚礼，顺天时也。奔者不禁，顺天时权许之也。无故谓无丧祸之变也。有丧祸者，娶得用非中春之月。《杂记》曰：己虽小功，既卒哭，可以冠子娶妻。司犹察也。无夫家谓男女之鳏寡者。

王肃曰：《周官》云令男三十而娶，女二十而嫁，谓男女之限。嫁娶不得过此也。三十之男，二十之女，不待礼而行之，所奔者不禁，娶何三十之限。前贤有言，丈夫二十不敢不有室，女子十五不敢不有其家。《家语》：鲁哀公问于孔子，男子十六精通，女子十四而化，是则可以生民矣。孔子曰：夫礼言其极，亦不过是。男子二十而冠，有为人父之端，女子十五许嫁，有适人之道。于此以往，则自婚矣。然则三十之男，二十之女，中春之月者，所谓言其极法耳。（《周礼·地官·媒氏》疏）

马昭曰：《礼记·本命》曰中古三十而娶，女二十而嫁，合于中节。大古男五十而有室，女二十而嫁。《尚书·大传》曰：孔子曰男三十而娶，女二十而嫁，通于织纴纺绩之事，黼黻文章之美。不若是，则上无以孝于舅姑，而下无以事夫养子。《谷梁传》曰：男子二十而冠，冠而丈夫，三十而娶。尹更始云：男子三十而娶，女十五许嫁，笄二十而嫁。《曲礼》：三十曰壮，有室。卢氏曰：三十盛壮，可以娶女内。则三十而有室，始理男事。女子十五，笄二十而嫁，有故则二十三而嫁，经有夫姊（贾疏作妇，据通典正）之长殇。旧说三十而娶，而有夫姊之长殇，何开盛衰一说？关畏厌溺而殇之。卢氏以为衰世之礼也。（同上，杜佑《通典》卷五十九）

张融评曰：从郑及诸家说。又《春秋外传》越王勾践蕃育人民，以速报吴，故男二十而娶，女子十七而嫁，如是足明礼男不二十娶，女不十七嫁，可知也。

王肃曰：吾幼为郑学之时，为谬言寻其义，乃知古人可以于冬。（《北堂书钞》《初学记》《御览》引并作秋冬）自马氏以来，乃因《周官》而有二月。《诗》“东门之杨，其叶牂牂"，《毛传》曰：男女失时，不逮秋冬也。《仪礼·昏礼》曰：凡行事必用昏昕。郑元注曰：用昕使也。用昏壻也。谨案遣使元纁吉礼，必用昕，使亲迎乃用昏时。（徐坚《初学记》引嫁娶古人皆以秋冬。《毛诗》曰"东门之杨"至不逮秋冬，下有也字及《仪礼》云云据补）三星，参也，十月而见东方，时可以嫁娶。又云：时尚暇务须合昏姻，万物闭藏于冬，而用生育之时，娶妻入室，长养之母，亦不失也。孙卿曰：霜降逆女，冰泮杀止。《诗》曰：将子无怒，秋以为期。《韩诗传》亦曰：古者霜降逆女，冰泮杀止，士如归妻，迨冰未泮。为此验也。而玄云：归，使之来归於己，谓请期，待来归之言，非请期之名也。或曰亲迎用昏，而曰旭日始旦，何用哉？《诗》以鸣雁之时纳采，以昏时而亲迎，而《周官》中春令会男女之无夫家者，于是时奔者不禁，则昏姻之期非此日也。《孔子家语》曰：霜降而妇功成，嫁娶者行焉。冰泮而农业起，（《诗》东门之杨，正义引亦作农业，今家诸本作农桑，《通典》引同）昏礼杀於此。又曰：冬合男女，春颁爵位，（《周礼》疏作"春班时位"据《家语》正）皆谓顺（三字据《通典》补）也。（《周礼·地官·媒氏》疏、《通典》卷五十九引云：郑元议嫁娶必以仲春之月，王肃以为秋冬嫁娶之时也，仲春期尽之时矣。孙卿云：霜降迎女，冰泮杀止。《孔子家语》云：群生闭藏于阴而育之始，故圣人因时以合偶男女。穷天数，霜降而妇功成，嫁娶者行焉。冰泮而农桑起，昏礼杀于此焉。又曰：冬合至顺也。《北堂书钞》卷八十四引嫁娶古人皆以秋冬句。《初学记》卷十四、《太平御览》卷五百四十一引同。《初学记》下有《毛诗》至用昏时。《御览》下有诗曰至不逮秋冬也。）

马昭难肃曰：《周礼》仲春令会男女，《殷颂·天命》元鸟降而生商，《月令》仲春，元鸟至之日。以大牢祀于高禖，天子亲往，元鸟生（《通典》作生）。乳之月以为嫁娶之候，天子重之而祀焉。（《通典》卷五十九引此节在前周，《礼》疏引在"熠燿其羽"下以大牢天子亲往八字及天子句皆据疏补）

孔晁答曰：《周官》云凡娶判妻入室皆书之，此谓霜降之后，冰泮之时，正以礼婚者也。次言仲春令会男女，奔者不禁，此婚期尽不待补礼，元鸟至祀，高禖求男女之祥兆，非嫁娶之候。（《周礼》疏）

昭又难曰：（《周礼》疏脱此句，《通典》有之）《诗》曰有女怀春，

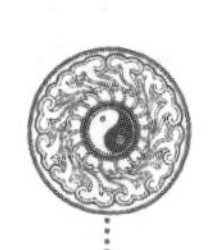

吉士诱之，春日迟迟，女心伤悲，嘒彼小星，三五在东。（《周礼》疏无此二句，《通典》有之）绸缪束楚，三星在隅，我行其野，蔽芾其樗，仓庚于飞，熠燿其羽，此皆与仲春嫁娶为候者也。（《礼》疏其羽下有诗，殷颂至而祀焉，前难错简，据《通典》移正。《通典》末句作凡此皆与于仲春嫁娶之候。）

晁曰：有女怀春，《毛》曰春不暇待秋（《通典》无毛曰七字），谓女无礼过时故思，（《周礼》疏无谓女八字）春日迟迟，女心伤悲，谓蚕事始起，女心悲矣。（《通典》无女心句，感事而悲，作女心悲矣。）嘒彼小星喻妾侍从夫。（《周礼》疏无嘒彼二句）蔽芾其樗，行遇恶人（《通典》作行遇恶人），熠燿其羽喻嫁娶之盛饰（《通典》无之字），三星在隅，孟冬之月，参见东方举正昏以刺时（《通典》无三星四句），皆非仲春嫁娶之候，玄据期尽之教，以为正昏，则奔者不禁，过于是月（《通典》卷五十九、《周礼·媒氏》疏引至昏以刺时）

昭又曰：《夏小正》曰二月绥多士女，交昏於仲春。（《周礼》疏引此三句下接《易·泰卦》云云，《通典》引《易·泰》以下为张融之语。《夏小正》三句与马昭语复，亦融评语也，据补）《易·泰卦》：六五，帝乙归妹（《通典》无帝乙句），以祉元吉，郑之说。（《通典》作旧说）六五爻，辰在卯，春为阳中，万物以生，生育者嫁娶之贵，仲春之月，嫁娶男女之礼，福禄大吉。（《通典》引作万物生育，嫁娶大吉也，据《周礼》疏补）《易》之《咸卦》，柔上刚下，二气感应以相与。皆说男下女。《召南·草虫》之诗，夫人待礼，随从在涂，见采蕨者以诗自兴。又云：士如归妻，迨冰未泮。旧说云：士如归妻，我尚及冰未泮纳定。其篇义云：嫁娶以春，阳气始生万物，嫁娶亦为生类，故《管子·时令》云：春以令男女。（易之咸以下《通典》无之，据《周礼》疏补）融按：《春秋》鲁送夫人、嫁女，四时通用，无讥文。然则孔子制素王之法，以遗后世，男女以及时盛年为得，不限以日月。《家语》限以冬，不附于《春秋》之正经，如是则非孔子之言嫁娶也。（《通典》引云：《春秋》鲁迎夫人，四时通用，《家语》限以冬，不符于《春秋》，非孔子之言也，据《周礼》疏校补）三代嫁娶以仲春，尽之言且婚姻而合德天地，配合阴阳，会通之数，合于春，女乐与公子同归之志，符于南山采薇之歌，协于我行蔽芾之叹，同于行露厌浥之节，验于《夏小正》绥多士女之制，不殊咸、泰之卦，畅于《周礼》仲春之令矣。（《周礼》疏无三代嫁娶至令矣约义为以仲春著在《诗》《易》《夏小正》之文一句，据《通典》校补）且仲春为有讥之言，秋冬春三时嫁娶何自违也。《家语》冬合男女，穷天数之语，《诗》《易》《礼传》所载，《咸》《泰》归妹之卦，《国风》行露绸缪，有女怀春，仓庚于飞，熠耀其羽，春日迟迟，乐与公子同归之歌，《小雅》我行其野，蔽芾其樗之叹，此春娶之证也。礼诸侯越国娶女，仲春及冰未散，请期乃足容往反也。秋如期往，淫奔之女，不能待年，故设秋迎之期。摽有梅之诗，殷纣暴乱，娶失其盛时之年，习乱思治，故戒文王能使男女得及其时。陈晋弃周，礼为国乱，悲伤故刺，昏姻不及仲春。玄说云嫁娶以仲春，既有群证，故孔晁云有女怀春，毛曰春不暇，待秋。春日迟迟，女心伤悲，谓蚕事欲起，感事而悲。蔽芾其樗喻遇恶夫，熠耀其羽喻嫁娶之盛饰，三星在隅，孟冬之月，参见东方举正，昏以刺时，此虽用毛义未若郑云用仲春为正礼为密也。（《周礼·媒氏》疏、《通典》卷五十九引无“且仲春以下”）

《仪礼》云：中月而禫，郑元云：以中月为间月。

王肃曰：中月为月中。（《通典》卷八十七）

宗郑者曰：祥之日，鼓素琴，孔子弹琴笙歌，乃省哀乐，非正乐也。正乐者，八音并奏，使工为之也。

宗王者曰，按《礼记》云：三年之丧，再周二十五月而毕。又《檀弓》云：祥而缟是月禫，徙月乐。又鲁人有朝祥而暮歌者，子路笑之，夫子曰：踰月则其善也。又夫子既祥，五日弹琴而不成声，十日而成笙歌。又祥之日，鼓素琴，以此证无二十七月之禫也。

郑学之徒曰：不云二十五月，六月、七月之中，无存省之乐也。但论非是，禫后复吉，所作正乐耳。故郑注《丧服四制》，祥之日，鼓素琴云耳，以存乐也。君子三年不为乐，乐必崩。三年不为礼，礼必坏，故祥日而存之，非有心取适而作乐。三年之丧，君子居之，若驷之过隙，故虽以存省之时，犹不能成乐，是以孔子既祥，五日弹琴而不成声。《礼记》所云二十五月而毕者，论丧之大事毕也。谓除缞绖与恶室耳，余哀未尽，故服素缟麻衣，著未吉之服，伯

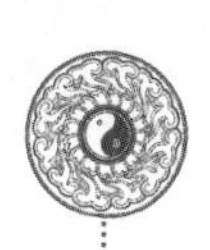

叔无禫，十三月而除；为母妻有禫，则十五月而毕；为君无禫，二十五月而毕；为父、长子有禫，二十七月而毕。明所云丧以周断者，禫不在周中也。《礼记》二十五毕者，则禫不在祥月，此特为重丧加之以禫，非论其正祥除之义也。三年之丧，二十五月而毕者，论其正；二十七月而禫者，明其加。

王学之徒难曰：若二十五月大祥，二十七月而禫，二十八月作乐，则二十五月、二十六月、二十七月，三月之中，不得作乐者，何得《礼记》云祥之日，鼓素琴，孔子既祥，五日弹，十日笙歌？又《丧大记》云：禫而内无哭者，乐作矣，故也。孟献子禫，悬而不乐。此皆禫月乐之义，岂合二十八月然始乐乎？

郑学之徒嫌祥禫同月，卜用远日，无中月之义者，祥禫之祭虽用远日，若卜远日不吉，则卜近日，若卜近得吉，便有中月之义也。所以知卜筮不得吉得用近日者，以吉祭之时，卜近不吉，得卜远日。故《礼记》云：旬之内曰近某日，旬之外曰远某日。《特牲馈食》云：近日不吉则筮远日，若吉事得用远，则凶事得用近，故有中月之义也。《礼记》作乐之文，或在禫月，或在异月者，正以祥禫之祭，或在月中，或在月末故也。此《丧大记》禫而内无哭者，乐作矣故。孟献子禫，悬而不乐之类皆是也。祥之日，鼓琴特是乐之义，非禫后之乐也。（并同上，按此节当是张融评）

《檀弓》：孔子少孤，不知其父之墓，郑注曰：孔子之父，叔梁纥与颜氏之女徵在野合而生孔子，徵在耻焉，不告。

王肃曰：圣人而不知其父死之与生，生不求养，死不奉祭，斯不然矣。(《通典》卷一百三）

张融评曰：孔子既得合葬于防言，既得明未葬时未知墓处也。虽仲由之言，亦孔子不知其墓，若徵在见聘，则当言墓，以告孔子，何得不知其墓？（同上）死而不吊者，畏厌溺。郑注曰：人或时以为非罪攻己，不能有以说之死之者，孔子畏于匡。

王肃曰：孔子畏匡，德能自全也。设使圣人卒离不幸，可得不痛悼而罪之乎？非徒贤者，设有罪愚人，亦不得哀伤之也。（《通典》卷八十三）

《檀弓》：公叔木有同母异父之昆弟死，问于子游，子游曰：其大功乎？

郑曰：疑所服也，亲者，属大功是。

王肃曰：礼称亲者，血属谓出母之身，不谓出母之子服也。若出母之子服大功，则出母之父母服应更重，何以为出母之父母无服？肃谓同母异父兄弟服大功者，谓继父服。齐衰其子降一等，故服大功。（《礼记·檀弓上》正义）《孔子家语》曰：郕人有同母异父之昆弟死，将为之服，因颜亥而问礼于孔子。曰：继父同居者，则异父昆弟从为之服；不同居者，继父犹且不服，况其子乎？（《通典》卷九十一）

马昭曰：异父昆弟恩系于母，不于继父，继父绝族者也。母同生，故为亲者，属虽不同居，犹相为服。王肃以为从于继父而服，又言同居乃失之远矣。子游狄仪，或言齐缞，或言大功，趋于轻重不疑于有无也。《家语》之言，固所未信，子游古之习礼从之不亦可乎？（《通典》卷九十一，《正义》引作异父昆弟恩断于母，不断于父，肃以为从继父而服非也。）

张融评曰：继父同居有子正服齐衰三月，乃为其子大功，非服之差，玄说是也。（《礼正义》）与己同母故服大功，而肃云从继父而降，岂人情哉？（《通典》卷九十一）

王制天子七庙，三昭三穆与大祖之庙而七。郑曰：此周制七者。太祖及文王、武王之祧，与亲庙四。大祖，后稷。殷则六庙，契及汤与二昭二穆。夏则五庙，无大祖，禹与二昭二穆而已。又注祭法云：天子，迁朝之主，以昭穆合藏于二祧之中。

王肃曰：周之文武，受命之王（《通典》引作主），不迁之庙，权礼所施，非常庙之数。（《通典》无此二句）三宗，宗其德而存其庙，亦（《通典》作并）不以为数（《通典》数上有常字）。凡七庙者，皆（《通典》无皆字）不称周室。下及文武而曰天子诸侯，是同天子诸侯之名制也。（《礼正义》无下及十字，据《通典》补）《礼器》曰：有以多为贵者，天子七庙（《通典》无此三句）。孙卿子曰（《礼正义》无子字，据《通典》补），有天下者，事七世（《通典》无此三字）。有一国者，事五代，所以积厚者，流泽广积，薄者流泽狭也。（《礼正义》无有一国二十二字，据《通典》补）又云，自上以下，降杀以两，今使天子、诸侯立庙，并亲庙四而止，则君臣同制，尊卑不别。礼名位不同，

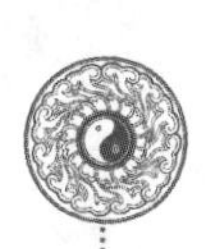

礼亦异数，况其君臣乎？（《通典》无云至此）祭法云：远庙曰祧，亲尽之上，犹存二庙也。文武不迁者，祭法不得云去祧为坛。又曰：迁主所藏，曰祧。先公迁主，藏于后稷之庙，先王迁主，藏文、武之庙，是为二祧，享尝乃止，是后稷月祭，文武则尝非意也。（《礼正义》无祭法云至意也。据《通典》补）又祭法云（《通典》作祭法又曰）王下祭殇五嫡子嫡孙，此为下祭五代来孙。（《礼正义》无嫡子六字作下及五世来孙）则下及无亲之孙，而祭上不及无亲之祖，不亦诡哉？（《通典》作则无亲之孙也而上祭何不及无亲之祖乎？）《谷梁传》云：天子七庙，诸侯五。《家语》云，子羔问尊卑立庙制，孔子云：礼，天子立七庙，诸侯立五庙，大夫立三庙。又云，远庙为祧，有二祧焉。又儒者难郑云：祭法远庙为祧。郑注《周礼》云：迁主所藏曰祧，违经正文。郑又云，先公之迁主，藏于后稷之庙，先王之迁主，藏于文、武之庙，便有三祧，何得祭法云二祧？（《礼记·王制正义》、《通典》卷四十七引无《谷梁传》以下）

马昭曰：按（《通典》无按字）《丧服小记》：王者立四庙。王制曰：天子七庙。是则立庙之正，以为亲限不过四也。亲尽为限，不过四也。亲尽之外，有大功，德可祖宗者也。有其人则七无，其人则少。（《礼正义》无王制曰至则少，据《通典》补）《礼纬·稽命徵》云：唐虞五庙，亲庙四，始祖庙一。夏四庙，至子孙五。殷五庙，至子孙。（《正义》云引《礼纬》，案《正义》前节引此文，据补）夏无太祖，宗禹而已，则五庙（《通典》作故夏氏，无大祖则五）。殷人祖契而宗汤，则六庙（《通典》无庙字）。周尊后稷宗文王、武王，则七庙（《通典》作周尊后稷文武则七）。自夏及周少不减五，多不过七（《通典》无此二句）。《礼器》云：周旅酬六尸，一人（《通典》无一人二字）发爵，则周七尸，七庙明矣（《通典》作周则七庙矣）。今使文、武不在七数，既不同祭，又不享尝，岂礼也哉？故汉侍中卢植说文云：二祧，谓文、武。《曾子问》当七庙无虚主。《礼器》天子七庙，堂九尺。《王制》七庙。卢植云皆据周言也。《谷梁传》天子七庙。尹更始说天子七庙，据周也。《汉书》韦元成四十八人议，皆云周以后稷始封，文、武受命。《石渠论》《白虎通》云：周以后稷、文、武特七庙（《礼正义》）。肃言文、武不得称远庙，不得为二祧者，凡别远近以亲为限，亲内为近，亲外为远，文、武适在亲外，当毁故言。远庙自非文、武，亲外无不毁者。（《通典》卷四十七，按《礼正义》《通典》并引上节，互有详略，同异参校补正）

孔晁曰：夫无功德则以亲远近为名，文武以尊重为祖宗，庙何取远近？故后稷虽极远，以为太祖，不为远也。（《通典》卷四十七）

张融评曰：谨按《周礼》守祧职奄八人，女祧每庙二人。自太祖以下与文、武及亲庙四用七人，姜嫄庙用一人，适尽。若除文、武，则奄少二人。曾子问孔子说周事，而云七庙无虚主，若王肃数高祖之父、高祖之祖庙与文、武而九，主当有九，孔子何云七庙无虚主乎？故云以《周礼》孔子之言为本，《谷梁传》说及《小记》为枝叶。韦元成《石渠论》《白虎通》为证，验七庙，斥言元说为长。（《礼记·王制》正义）

天子特礿禘祫尝祫烝，郑曰：周改夏祭曰礿，以禘为殷祭也。鲁礼三年丧毕而祫于大祖，明年春禘于群庙，自尔以后，五年而再殷祭。

王肃曰：贾逵说吉禘于庄公。禘者，递也。审递昭穆迁主递位，孙居王父之处。《禘于大庙》《逸礼》，其昭尸穆尸，其祝辞总称孝子孝孙，则是父子并列。《逸礼》又云：皆合升于其祖。所以刘歆、贾逵、郑众、马融等，皆以为然。（《礼记·王制》正义引王肃论）

郑元云：天子祭圆丘曰禘，祭宗庙大祭亦曰禘。三年一祫，五年一禘。祫则合群庙、毁庙之主于太祖庙，合而祭之，禘则增及百官配食者，审谛而祭之。天子先禘祫而后时祭，诸侯先时祭而后禘祫。鲁礼，三年丧毕而祫，明年而禘。圆丘、宗庙大祭俱称禘，祭有两禘明也。（《魏书·礼志》孝文太和十三年诏引郑元解禘，《通典》卷五十引无天子先禘二句）

王肃曰：天子诸侯皆禘於宗庙，非祭天之祭。郊祀后稷不称禘，宗庙称禘。禘祫一名也，合而祭之故称祫，审谛之故称禘，非两祭之名。三年一祫，五年一禘，总而互举之故称。五年再殷祭，不言一禘一祫，断可知矣。（同上引王肃解禘祫）

《月令》：孟夏之月行赏封诸侯，郑元曰：祭统曰古者于禘也，发爵赐服，顺阳义也。于尝也，出田邑，发秋政，顺阴义也。今此行赏可也，而封诸侯

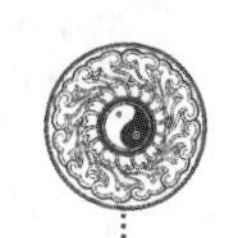

则违于古封诸侯，出土地之事于时未可，似失也。

王肃曰：孟夏之月，天子行赏，封诸侯，庆赐，无不忻悦，故《左传》赏以春夏是也。（《通典》卷七十一）

张融评曰：按洛诰，成王命周公后，封伯禽以周之正。《易·屯卦》云宜建侯。据二经，周人封诸侯，不以秋冬也。（同上）

《礼运》：其居人也曰养，郑元曰：养当为义字之误也，下之则为教令，居人身为义，《孝经》说曰义由人出。

王肃曰：下云获而弗食，食而弗肥，字宜曰养。《家语》曰：其居人曰养。（《礼记·礼运》正义）

马昭曰：立人之道曰仁与义。又此云：礼义者，人之大端。下每云义故知养为义也。

张融评曰：谨案亦从郑说，云下之则为教令，居人身为义者，郑为此注欲明改养为义之意，言法天地山川，下教于民者，则为教令；法天地山川，居在人身之中者，则为义事，是不得为养也。（并同上）

《礼器》：或素或青，夏造殷因。郑元曰：素尚白、黑尚青者也，言所尚虽异，礼则相因耳。

王肃曰：夏同尧皆尚其紫色，舜土德王尚白，而尚青者，土以生为功，东方生物之始，故尚青。土既尚青，水则辟之青而用白也，故殷是水德而尚白。（《礼记·礼器》正义）

《郊特牲》：天了大社，郑云：大社，土为群姓所立，又说曰：社为五土总神，稷为原隰之神。句龙以有平水土之功，配社祀，之稷有播种之功，配稷祀之。

王肃难郑曰：《礼运》云：祀帝于郊，所以定天位；祀社於国，所以列地利。社若是地应云定地位而言，列地利故知社非地也。（《礼记·郊特牲》正义）

马昭等曰：天体无形，故须云定位，地体有形，不须云定位，故唯云列地利。

肃又难郑曰：祭天牛角茧栗而用特牲，祭社用牛角尺而用大牢。又祭天地，大裘而冕；祭社稷，絺冕。又唯天子令庶民祭社。社若是地神，岂庶民得祭地乎？

为郑学者通之曰：以天神至尊，而简质事之，故牛角茧栗，而用特牲，服著大裘。天地至尊，天子至贵，天子祭社，是地之别体，有功于人，报其载养之功，故用大牢，降于天，故角尺也。祭用絺冕，取其阴类，庶人蒙其社功，故亦祭之，非是方泽神州之地也。

肃又难郑曰：《召诰》用牲于郊，牛二。明后稷配天，故知二牲也。又曰：社于新邑，牛一、羊一、豕一。明知唯祭句龙，更无配祭之人。

为郑学者通之曰：是后稷与天尊卑既别，不敢同天牲。句龙是上公之神，社是地祇之别，尊卑不甚悬绝，故云配同牲也。

肃又难郑曰：后稷配天，《孝经》有配天明文，后稷不称天也。《祭法》及昭二十九年《传》云，句龙能平水土，故祀以为社，不云配以社，明知社即句龙也。

为郑学者通之曰：后稷非能与同功，唯尊祖配之，故云不得称天。句龙与社同功，故得云祀以为社，而得称社也。

肃又难曰:《春秋》说伐鼓于社责上公，不云责地祇。明社是上公也。又《月令》命民社，郑注云：社，后土也。《孝经》注云：祉，后土也。郑既云社后土，则句龙也。是郑自相违反。

为郑学者通之曰：伐鼓责上公者，以日食，臣侵君之象，故以责上公言之。句龙为后土之官，其地神亦名后土，故《左传》云，君戴皇天而履后土。地称后土，与句龙称后土，名同而实异也。郑注云后土者，谓土神也，非谓句龙。故《中庸》云郊社之礼，注云：社，祭地神。又《鼓人》云：以灵鼓鼓社祭。注云：社祭，祭地祇也。是社为地祇也。（同上）

孔晁曰：普天之下，华岳列居，河海所流，丘陵坟衍，总谓之地。（瞿昙悉达《开元占经》卷四）能吐生百谷，谓之土。（《太平御览》卷三十七）

郊之用辛也，周之始郊日以至，郑注曰：郊天之月而日至，鲁礼也。三王之郊一用夏正，鲁以无冬至祭天于圆丘之事，是以建子之月郊天，示先有事也。用辛日者，凡为人君，当斋戒自新耳。周衰礼废，儒者见周礼尽在鲁，因推鲁礼以言周事。

王肃难郑曰：鲁冬至郊天，至建寅之月，又郊以祈穀。故《左传》云启蛰而郊。

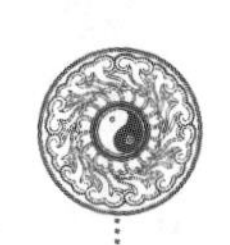

又云郊祀后稷，以祈农事，是二郊也。（《礼记·郊特牲》正义崔皇氏用王肃之说）

马昭曰：《谷梁传》云：鲁以十二月下辛卜正月上辛；若不从，则以正月下辛卜二月上辛；若不从，则以二月下辛卜三月上辛；若不从，则止。是鲁一郊则止。或用建子之月，郊则此云日，以至及宣三年正月郊牛之口伤是也；或用建寅之月，则《春秋左传》云：郊祀后稷，以祈农事是也。但春秋鲁礼也，无建丑之月耳。（《正义》引《圣证论》，马昭以《谷梁传》以答正肃之难）

肃又难郑曰：《郊特牲》曰：郊之祭迎长日之至，下云周之始郊日以至元，以为冬至之日说其长日，至于上而妄为之说。又徙其始郊日以至于下，非其义也。元又云周衰礼废，儒者见周礼尽在鲁，因推鲁礼以言周事，若儒者愚人也，则不能记斯礼也，苟其不愚不得乱于周鲁也。郑元以祭法禘黄帝及喾为配，圆丘之祀，《祭法》说禘无圆丘之名，《周官》圆丘不名为禘，是禘非圆丘之祭也。元既以《祭法》禘喾为圆丘，又《大传》王者禘其祖之所自出，而元又施之于郊祭后稷，是乱礼之名实也。按《尔雅》云：禘，大祭也，释又祭也。皆祭宗庙之名。则禘是五年大祭先祖，非圆丘及郊也。周立后稷庙，而喾无庙，故知周人尊喾不若后稷之庙重。而元说圆丘祭天祀大者，仲尼当称昔者周公禘祀喾圆丘以配天。今无此言，则禘配圆丘非也。又《诗·思文》后稷配天之颂，无帝喾配圆丘之文。知郊则圆丘，圆丘则郊。所在言之则谓之郊，所祭言则谓之圆丘。于郊筑泰坛象圆丘之形。以丘言之，本诸天地之性，故《祭法》云：燔柴于泰坛，则圆丘也。《郊特牲》云：周之始郊日以至。《周礼》云：冬至祭天于圆丘。知圆丘与郊是一也。言始郊者，冬至阳气初动，天之始也。对启蛰及将郊祀，故言始。《孔子家语》云：定公问孔子郊祀之事，孔子对之。与此《郊特牲》文同，皆以为天子郊祀之事。（《礼记·郊特牲》正义又引王肃云：《郊特牲》周之始郊日以至，与圆丘则配以后稷，约此节文义。）

马昭曰：《易纬》云：三王之郊，一用夏正。则周天子不用日至郊也。夏正月阳气始升，日者阳气之主，日长而阳气盛，故祭其始升而迎其盛，《月令》天子正月迎春是也。若冬至祭天，阴气始盛，祭阴迎阳，岂为理乎？《周礼》云：冬日至，祭天于地上之圆丘。不言郊，则非祭郊也。言凡地上之丘皆可祭焉，无常处，故不言郊。周官之制，祭天圆丘，其礼，王服大裘而冕，乘玉路，建大常。《明堂位》云：鲁君以孟春祀帝于郊，服衮服，乘素车，龙旗。衣服车旗皆自不同，何得以诸侯之郊说天子圆丘？言始郊者，鲁以转卜三正，以建子之月为始，故称始也。又《礼记》云：鲁君臣未尝相弑，礼俗未尝相变，而弑三君，季氏舞八佾，旅于泰山，妇人髽而相吊。儒者此记岂非乱乎？据此诸文，故以郊、丘为别，冬至之郊特为鲁礼。

张融评曰：谨案郊与圆丘是一。《韩诗》说三王各正其郊，与王肃同。又鲁以转卜三正，王与郑元同。《周礼》圆丘服大裘，此及《家语》服衮冕，《家语》又云：临燔柴，脱衮冕，著大裘，象天。临燔柴，辍祭，脱衮，著大裘，象天，恭敬之义。既自不同，融以《家语》及此经郊祭并为鲁礼，与郑元同。圆丘是祭皇天，孟春祈谷于上帝，及龙见而雩。此五帝之等，是皇天之佐，其实天也。祀大神，率执事而卜日。圆丘既卜日，则不得正用冬至之日。（并同上）

《乐记》：昔者舜作五弦之琴以歌南风，郑注云：南风，长养之风也。以言父母之长养已，其辞未闻也。

王肃曰：《尸子》及《家语》：昔者舜作五弦之琴，其辞曰：南风之熏兮，可以解吾民之愠兮。南风之时兮，可以阜吾民之财兮。郑云其辞未闻，失其义也。（《礼记·乐记》正义二十九）

马昭曰：《家语》王肃所增加非郑所见，又《尸子》杂说，不可取证正经，故言未闻也。

六成复缀以崇天子夹振之，郑注云：崇，充也。凡六奏以充武乐也。夹振之者，王与夹舞者，振铎以为节也。

王肃难曰：六成而复缀以崇其为天子，此《家语》之文也。

马昭曰：凡乐之作，皆所以昭天子之德，岂特六成之末，以崇之乎？（并同上）

孔晁曰：天子夹振用舞之法，在于经典，今谓天子夹振此经之正文。又亲舞总干，按祭统云：君执干戚就舞位，冕而总干，尚得亲舞，何以不得亲执铎乎？此执铎为祭天时也。（《正义》印熊氏说云孔晁具如熊氏之说，据补）

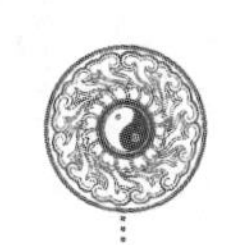

《杂记》：大夫为其父母兄弟之未为大夫者之丧服，如士服，士为其父母兄弟之为大夫者之丧服如士服。郑注曰：大夫虽尊，不以其服，服父母兄弟嫌，若逾之也。士谓大夫，庶子为士者也。己卑又不敢服尊者之服，今大夫丧服礼，逸与士异者，未得而备闻也。《春秋传》曰：齐晏桓子卒，晏婴粗衰，斩苴绖，带杖管，履食粥，居倚庐，寝苫枕草，其老曰：非大夫之礼也。曰：唯卿为大夫，此平仲之谦也。

王肃曰：丧礼自天子以下无等，故曾子云：哭泣之哀，齐斩之情，饘粥之食，自天子达。且大国之卿与天子上士俱三命，故曰一也。晋士起大国上卿，当天子之士也。平仲之言，唯卿为大夫，谓诸侯之卿，当天子之大夫，非谦辞也。春秋之时，尊者尚轻简，丧服礼制遂坏，群卿专政，晏子恶之，故服粗衰枕草，于当时为重。是以平仲云：唯卿为大夫。逊辞以辟害也。又《孟子》云：诸侯之礼，三年之丧，齐疏之服，飦粥之食，自天子达於庶人，三代共之。又此记云：端衰丧车，皆无等。又《家语》云：平仲可谓能远害矣，不以己之是驳人之非，逊辞以避咎也。（《礼记·杂记上》正义）大夫与士异者，大夫以上在丧敛时弁绖，士冠素委貌。（同上）

马昭曰：《杂记》云：大夫为其父母兄弟之未为大夫者之丧服如士服，是大夫与士丧服不同者，而肃云无等，则是背经说也。郑与言礼。

张融评曰：士与大夫异者，皆是乱世尚轻凉，非王者之达礼。小功轻重，不达於礼。郑言谦者，不异于远害。（并同上）

《祭法》：有虞氏禘黄帝而郊喾祖颛顼，而宗尧。郑注云：禘郊祖宗谓祭祀以配食也。此禘谓，祭昊天于圜丘也。祭上帝于南郊曰郊，祭五帝五神于明堂曰祖，宗祖宗通言尔下有禘郊祖宗，《孝经》曰：宗祀文王于明堂，以配上帝。

王肃驳曰：古者祖有功而宗有德，祖宗自是不毁之名，非谓配食于明堂者也。《春秋传》曰：禘、郊、祖、宗、报，五者国之典祀也。以此知祖、宗非一祭。（《通典》无春秋至一祭，据《唐志》补）审如郑义，则经当言祖祀文王于明堂，不得言宗祀也。凡宗者，尊也。周人既祖其庙，又尊其祀，孰谓祖于明堂者乎？郑引《孝经》以解祭法，而不晓周公本意，殊非仲尼之义旨也。（《通典》卷四十四，《唐书·乐志》长孙无忌等议引王肃驳曰古者祖功宗有德，自是不毁之名，非谓配食于明堂下有《春秋传》曰二十四字。）又曰《祭法》禘黄帝是宗庙，五年祭之名，故《小记》云：王者禘其祖之所自出，以其祖配之。谓虞氏之祖出自黄帝，以祖颛顼配黄帝，而云以其祖配之。依《五帝本纪》黄帝为虞氏九世祖，黄帝生昌意，昌意生颛顼，虞氏七世祖。以颛顼配黄帝而祭，是禘其祖之所自出，以其祖配之祖宗。祖有德，宗有功，其庙不毁。（《礼记·祭法》正义）又曰：郊与圆丘是一，郊即圆丘。案《易》：帝出乎震，震，东方，生万物之初，故王者制之。以木德王天下，非谓木精之所生。五帝皆黄帝之子孙，各变号代变，而五行为次焉。何大微之精所生乎？又郊祭，郑元注：祭感生之帝，唯祭一帝耳。《郊特牲》：何得云郊之祭大报天而主日？又天唯一而已何得有六？又《家语》云：季康子问五帝，孔子曰：天有五行，木、火、金、水及土，四分化育成万物。其神谓之五帝。是五帝之佐也，犹三公辅王，三公可得称王辅，不得称天王。五帝可得天佐，不得称上天。而郑云以五帝为灵威仰之属，非也。元以圆丘祭昊天最为首礼，周人立后稷庙，不立喾庙，是周人尊喾不若后稷。及文、武以喾配至重之天，何轻重颠倒之失？所郊则圆丘，圆丘则郊，犹王城之内与京师，异名而同处。（同上，《春秋·桓公五年》正义引郊则圆丘，圆丘即郊，天体唯一，安得有六天也。又《郊特牲》正义引云：天体无二，郊即圆丘，圆丘即郊。又引贾逵、马融、王肃云五帝非天。《家语》之文谓太皞、炎帝、黄帝五人帝属，皆约此节文意。）

马昭曰：王者禘其祖之所自出，以其祖配之。案文自了，不待师说。则始祖之所自出，非五帝而谁？《河图》云：姜原履大人之迹生后稷，大任梦大人死而生文王。又《中候》云：姬昌，苍帝子。经、纬所说明文。又《孝经》云：郊祀后稷以配天。则周公配苍帝灵威仰。汉氏及魏据此义而各配其行。《易》云：帝出乎震。自论八卦养万物于四时，不据感生所出也。（《礼记·祭义》正义）

孔晁曰：王肃云虞夏出黄帝殷周出帝喾，《祭法》四代禘此二帝，上下相证之明文也。《诗》云：天命元鸟，履帝武敏歆，自是正义，非谶纬之妖说。

张融评曰：若依《大戴礼》及《史记》，稷、契及尧俱帝喾之子，尧有

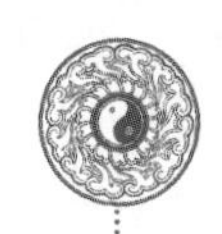

贤弟七十不用，须舜举之，此不然明矣。汉氏，尧之子孙，谓刘媪赤龙而生高祖，薄姬亦感而生文帝，汉为尧允而用火德。大魏绍虞，同符土行。又孔子删《书》，求史记，得黄帝元孙帝魁之书。若五帝当身相传，何得有元孙帝魁？融据经典三代之正，以为五帝非黄帝子孙相续次也。一则稽之以汤武革命不改稷、契之行，二则验之以大魏与汉袭唐虞火土之法，三则符之尧舜文武无同宗祖之言，四则验以帝魁继黄帝之世，是五帝非黄帝之子孙也。圆丘即郊，董仲舒、刘向、马融之论，皆以为《周礼》圆丘，则《孝经》云南郊与王肃同。（并同上）

《祭义》：如欲色然。郑注：如欲色者，以时人于色厚假以喻之。

王肃曰：如欲见父母之颜色，郑何得比父母于女色？（《礼记·祭法》正义）

马昭曰：孔子曰：吾未见好德如好色者。如此亦比色于德。

张融评曰：如好色，取其甚也。于文何妨？（并同上）

《孝经》：郊祀后稷以配天，郑元注：祀感生之帝，谓东方青帝灵威仰，周为木德，威仰木帝，以后稷配苍龙精也。（《孝经》圣治章，邢昺正义引郑元以祭法有周人禘喾之文，遂变为祀感生之帝云云，无以后稷配苍龙精也。朱子《仪礼经传通解》引有之，据补。）

王肃曰：案《尔雅》曰：祭天曰燔柴，祭地曰瘗薶。又曰：禘，大祭也。谓五年一大祭之名。又《祭法》祖有功宗有德，皆在宗庙，本非郊配。若依郑说，以帝学配祭圆丘，是天最尊也。周之尊帝喾，不若后稷，今配青龙，乃非最尊，实乖严父之义也。且窥遍经籍，并无以帝喾配天之文，若帝喾配天，则经应云禘喾于圆丘，以配天，不应云郊祀后稷也。天一而已，故以所在祭在郊，则谓为圆丘。言于郊为坛以象圆丘，圆丘即郊也，郊即圆丘也。（《孝经正义》引此上以驳之脱文，《仪礼经传通解》作惟魏太常王肃独著论以驳之，据补。）

张融评曰：汉世英儒自董仲舒、刘向、马融之论，皆斥周人之祀，昊天于郊，以后稷配，无如元说配苍帝也。然则《周礼》圆丘则《孝经》之郊，圣人因尊事天，因卑事地，安能复得祀帝喾于圆丘，配后稷于苍帝之礼乎？且在《周颂》：思文后稷，克配彼天。《昊天有成命》：郊祀天地也。则郊非苍帝，通儒同辞。肃说为长，（《孝经正义》）融按元注，泉深广博，两汉四百余年未有伟于元者，然二郊之际，殊天之祀，此元误也，其如皇天祖所自出之帝，

亦元虑之失也。（《旧唐书·元行冲传》）

郑众说五祀五色之帝于王者宫中。（《北堂书钞》卷九十）

学者不知孟轲字，按子思书及《孔丛子》有孟子居，即是轲也。轲少居坎轲，故名轲，字子居也。（《太平御览》卷三百六十二）

昔国家有优曰史利，汉氏旧优也。云梁冀有火浣布，布垢则洗之于火。（七字据《艺文类聚》卷八十五补）切玉刀，一朝以为诞也。正始初得火浣布乃信。（欧阳询《艺文类聚》卷六十，又卷八十五引梁冀时布垢则洗之于火一句。《太平御览》卷三百四十六。案已上三条并引《圣证论》前后脱缺不知于经何属，附载于后。）

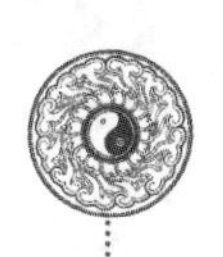

附录三　王肃奏稿、议论等文

肃，字子雍，朗长子。黄初中，为散骑黄门侍郎。太和中，拜散骑常侍。青龙末，领秘书监，兼崇文观祭酒。正始初，出为广平太守，征拜议郎，寻为侍中，迁太常。后为光禄勋，迁中领军，加散骑常侍。甘露元年卒，谥景侯。有《书》《诗》《论语》《三礼》《左氏》解，及撰定父朗所作《易传》，皆列于学官。又有《圣证论》十二卷，《家语解》二十一卷，《政论》十卷，《集》五卷。

格虎赋

羽骑云布，兰车星陈。（《文选·谢灵运〈拟魏太子邺中集〉》诗注）

请为大司马曹真临吊表（太和四年）

在礼，大臣之丧，天子临吊，诸侯之薨，又庭哭焉。同姓之臣，崇于异姓，自秦逮汉，多阙不修。暨光武颇遵其礼，于时群臣莫不竞劝，博士范升上疏称，扬以为美。可依旧礼，为位而哭之，敦睦宗族。（《通典》八十一卷）

奉诏为瑞表

太和六年，上将幸许昌，过繁昌。诏问：受禅碑生黄金白玉，应瑞不？肃奏：以始改之元年，嘉瑞见于践祚之坛，宜矣。（《御览》五百八十九卷）

论秘书丞郎表

青龙中议：秘书丞郎与博士议郎，同职近日月，宜在三台上。肃表曰：臣以为秘书职于三台为近密，中书郎在尚书丞郎上，秘书丞郎宜次尚书郎下。不然，则宜次侍御史下。秘书丞郎俱四百石，迁宜比尚书郎出亦宜为郡，此陛下崇儒术之盛旨也。昔时秘书掌国秘密，秘书丞郎仪宜比尚书郎侍御史，今尚书郎侍御史皆乘犊车，奏事用尺一；而秘书丞郎独乘鹿车，犹用尺奏，不得朝服，又恐非陛下转台郎以为秘书丞郎之本意也。(《通典》二十六，《初学记》十二两引，又《御览》二百三十三两引）

秘书不应属少府表

青龙之末，主者启选秘书监，诏秘书驺吏以上三百馀人，非但学问义理，当用有威严能检下者，诏肃以常侍领焉。肃表曰：魏之秘书，即汉之东观，郡国称敢言之上东观。且自大魏分秘书而为中书以来，传绪相继，于今三监，未有隶名于少府者也。今欲使臣编名于驺隶，言事于外府，不亦坠朝章而辱国典乎？太和之中，兰台秘书争议，三府奏议，秘书司先王之载籍，掌制书之典谟，与中书相亚，宜与中书为官联。（《御览》二百三十三卷）

表

夫城之有郭，犹里之有表，骨之有皮。表里各异，则保障不完；皮骨分离，则一体不具。（《初学记》二十四，《御览》一百九十三卷）

贺瑞应表

伏承祖庙文昭庙，鱼生于鼎。臣闻《易·中孚》象曰“信及豚鱼”，言中和诚信之德，下及豚鱼，则无所不及。（《艺文类聚》九十九卷）

谏征蜀疏（太和四年）

前志有之，千里馈粮，士有饥色，樵苏后爨，师不宿饱。此谓平途之行军者也。又况于深入阻险，凿路而前，则其为劳，必相百也。今又加之以霖雨，山坂峻滑，众逼而不展，粮悬而难继，实行军者之大忌也。闻曹真发已逾月，而行裁半谷，治道功夫，战士悉作，是贼偏得以逸而待劳，乃兵家之所惮也。言之前代，则武王伐纣，出关而复还，论之近事，则武、文征权，临江而不济，岂非所谓顺天知时，通于权变者哉！兆民知圣上以水雨艰剧之故，休而息之，日后有衅，乘而用之，则所谓悦以犯难，民忘其死者矣。（《魏志·王肃传》）

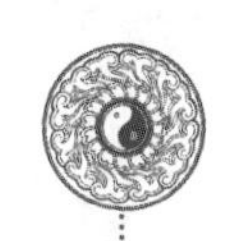

陈政本疏

除无事之位，损不急之禄，止浮食之费，并从容之官，使官必有职，职任其事，事必受禄，禄代其耕，乃往古之常式，当今之所宜也。官寡而禄厚，则公家之费鲜，进仕之志劝。各展才力，莫相倚杖，敷奏以言，明试以功，能之与否，简在帝心，是以唐、虞之设官分职，申命公卿，各以其事，然后惟龙为纳言，犹今尚书也。以出内帝命而已。夏殷不可得而详。《甘誓》曰："六事之人。"明六卿亦典事者也。《周官》则备矣，五日视朝，公卿大夫并进，而司士辨其位焉。其《记》曰："坐而论道，谓之三公，作而行之，谓之士大夫。"及汉之初，依拟前代，公卿皆亲以事升朝。故高祖躬追反走之周昌，武帝遥可奉奏之汲黯，宣帝使公卿五日一朝，成帝始置尚书五人，自是陵迟，朝礼遂阙，可复五日视朝之仪，使公卿尚书各以事进，废礼复兴，光宣圣绪，诚所谓美名而实厚者也。（《魏志·王肃传》）

请使山阳公称皇配谥

昔唐禅虞，虞禅夏，皆终三年之丧，然后践天子之尊，是以帝号无亏，君礼犹存。今山阳公承顺天命，允答民望，进禅大魏，退处宾位，公之奉魏，不敢不尽节，魏之待公，优崇而不臣，既至其薨，榇敛之制，舆徒之饰，皆同之于王者，是故远近归仁，以为盛美，且汉总帝皇之号，曰皇帝。有别称帝，无别称皇，则皇是其差轻者也。故当高祖之时，土无二王，其父见在，而使称皇，明非二王之嫌也。况今以赠终，可使称皇，以配其谥。（《魏志·王肃传》）

上疏恤役平刑

大魏承百王之极，生民无几，干戈未戢，诚宜息民而惠之，以安静遐迩之时也。夫务畜积而息疲民，在于省徭役而勤稼穑，今宫室未就，功业未讫，运漕调发，转相供奉。是以丁夫疲于力作，农者离其南亩，种谷者寡，食谷者众，旧谷既没，新谷莫继，斯则有国之大患，而非备豫之长策也。今见作者三、四万人，九龙可以安圣体，其内足以列六宫，显阳之殿，又向将毕，惟泰极已前，功夫尚大，方向盛寒，疾疢或作。诚愿陛下发德音，下明诏，深悯役夫之疲劳，厚矜兆民之不赡，取常食廪之士，非急要者之用，选其丁壮，择留万人，使一期而更之，咸知息代有日，则莫不悦以即事，劳而不怨矣。计一岁有三百六十万夫，亦不为少。当一岁成者，听且三年。分遣其余，使皆即农，无穷之计也。仓有溢粟，民有余力，以此兴功，何功不立，以此行化，何化不成？夫信之于民，国家大宝也。仲尼曰：“自古皆有死，民非信不立。”夫区区之晋国，微微之重耳，欲用其民，先示以信，是故原虽将降，顾信而归，用能一战而霸，于今见称。前车驾当幸洛阳，发民为营，有司命以营成而罢。既成，又利其功力，不以时遣。有司徒营其目前之利，不顾经国之体。臣愚以为自今以后，倘复使民，宜明其令，使必如期。若有事以次，宁复更发，无或失信。凡陛下临时之所行刑，皆有罪之吏，宜死之人也。然众庶不知，谓为仓卒。故愿陛下下之于吏，而暴其罪，钧其死也。无使污于宫掖，而为远近所疑。且人命至重，难生易杀，气绝而不续者也。是以圣贤重之，孟轲称杀一无辜以取天下，仁者不为也。汉时有犯跸惊乘舆马者，廷尉张释之奏使罚金，文帝怪其轻，而释之曰：“方其时，上使诛之则已。今下廷尉。廷尉，天下之平也，一倾之，天下用法皆为轻重，民安所措其手足？”臣以为大失其义，非忠臣所宜陈也。廷尉者，天子之吏也，犹不可以失平，而天子之身，反可以惑谬乎？斯重于为己，而轻于为君，不忠之甚也。周公曰：“天子无戏言，言则史书之，工诵之，士称之。”言犹不戏，而况行之乎？故释之之言，不可不察，周公之戒，不可不法也。（《魏志·王肃传》）

禘祭议

武宜皇后太和四年六月崩，至六年三月，有司以今年四月禘告。王肃议曰：今宜以崩年数。案：《春秋》鲁闵公二年，夏禘于庄公，是时缞绖之中，至二十五月大祥，便禘不复禫，故讥其速也。去四年六月，武宜皇后崩，二十六日晚葬，除服即吉。四时之祭，皆亲行事。今当计始除服日数，当如礼，须到禫月乃禘。（《通典》四十九）

又奏

赵怡等以为皇帝崩二十七月之后，乃得禘祫。王肃又奏：如郑玄言，各于

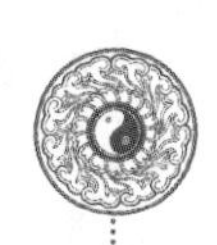

其庙，则无以异四时常祀，不得谓之殷祭。以粢盛百物丰衍备具为殷之者，夫孝子尽心于事亲，致敬于四时，比时具物，不可以不备，无缘俭于其亲累年，而后一丰其馔也。夫谓殷者，因以祖宗并陈，昭穆皆列故也。设以为毁庙之主皆祭谓殷者，夫毁庙祭于太祖，而六庙独在其前，所不合宜，非事之理。近尚书难臣，以曾子问唯祫于太祖，群主皆从，而不言禘，知禘不合食。臣答以为禘祫殷祭，群主皆合，举祫则禘可知也。《论语》孔子曰："禘自既灌而往者，吾不欲观之矣。"所以特禘者，以禘大祭，故欲观其盛礼也。禘祫大祭，独举禘则祫亦可知也。于《礼记》则以祫为大，于《论语》则以禘为盛，进退未知其可也。汉光武时下祭礼（"下"《通典》四十九作"言"），以禘者毁庙之主皆合于太祖，祫者唯未毁之主合而已矣。郑玄以为禘者各于其庙，原其所以，夏、商夏祭曰禘。然其殷祭亦名大禘，《商颂·长发》，是大禘之歌也。至周改夏祭曰礿，以禘唯为殷祭之名。周公以圣德用殷之礼，故鲁人亦遂以禘为夏之名（"夏"下《通典》四十九有"祭"字），是以《左传》所谓"禘于武宫"，又曰"烝尝于禘庙"，是四时祀非祭之禘也。郑斯失矣。至于经所谓禘者，则殷祭之谓，郑据《春秋》与大义乖。（《通典》四十九）

议祀圆丘方泽宜宫县乐八佾舞

王者各以其礼制事天地，今说者据《周官》单文为经国大体，惧其局而不知弘也。汉武帝东巡封禅还，还祠太一于甘泉，祭后土于汾阴，皆尽用其乐。言尽用者，谓尽用宫县之乐也。天地之性贵质者，盖谓其器之不文尔，不谓庶物当复减之也。礼，天子宫县，舞八佾。今祀圆丘、方泽，宜以天子制，设宫县之乐，八佾之舞。（《宋书·乐志》一，《通典》一百四十七）

又 议

说者以为周家祀天，唯舞《云门》；祭地，唯舞《咸池》；宗庙，唯舞《大武》，似失其义矣。周礼，宾客皆作备乐，《左传》"王子颓享五大夫，乐及遍舞"，六代之乐也。然则一会之日，具作六代之乐矣。天地宗庙，事之大者，宾客燕会，比之为细。《王制》曰："庶羞不逾牲，燕衣不逾祭服。"可以燕乐而逾天地宗庙之乐乎？《周官》："以六律、六吕（同）、五声、八音、六舞大合乐

（“吕”下《宋书》卷十九无“同”字），以致鬼神，以和邦国，以谐万民，以安宾客，以说远人。”夫六律、六吕、五声、八音，皆一时而作之，至于六舞，独分擘而用之，所以厌人心也（“厌”上《宋书》卷十九有“不”字）。又《周官》：“韎师掌教韎乐，祭祀则帅其属而舞之，大享亦如之。”韎，东夷之乐也。又“鞮鞻氏掌四夷之乐与其声歌，祭祀则次而歌之，燕亦如之。”四夷之乐，乃入宗庙；先代之典，独不得用。大享及燕日如之者，明古今夷、夏之乐，皆主之于宗庙，而后播及其余也。夫作先王乐者，贵能包而用之也。纳四夷之乐者，美德广之所及也。高皇、大皇帝、太祖、高祖、文昭庙（“高皇”下《宋书》卷十九有“帝”字），皆宜兼用先代及《武始》《太钧》之舞。（《宋书·乐志》一，《通典》一百四十七）

郊庙乐舞议

《周官》以六律、五声、八音、六舞大合乐，以致鬼神，以和邦国，以谐兆庶，以安宾客，以悦远人，是谓六同，一时皆作。今六代舞独分用之，不厌人心。（《隋书·音乐志》上，任昉据王肃议。）

告瑞祀天宜以地配议

礼，有事于王父，则以王母配，不降于四时常祀而不配也。且夫五精之帝，非重于地，今奉嘉瑞以告，而地独阙，于义未通。以地配天，于义正宜。（《通典》五十五）

祀社议

太尉等祭祀，但称名不称臣。每有事须告，皆遣祝史。（《通典》四十五）

祀五郊六宗及厉殃议

厉殃，汉之淫祠耳。日月有常位，五帝有常典。师旷自是乐祖，无事于厉殃。厉殃同人非礼器，雄黄等非礼饰。汉文除秘祝，所以称仁明也。（《通典》五十五）

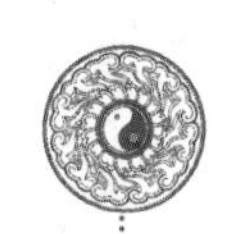

已迁主讳议

高皇讳，明皇帝既祔，儒者迁高皇主。尚书来访，宜复讳不？及引殷家乃或同名。答曰：殷家以甲乙为字，既二名不偏讳，且殷质故也。礼所谓舍故而讳新，诸侯则五代不讳，天子之制，恐不得与诸侯同，五代则不讳也。《春秋》鲁讳具、敖二山，五代之后，可不复为讳。然已易其名，则故名不复讳也。犹汉元后父名禁，改禁中为省中，至今遂以省中为称，非能为元后讳，徒以名遂行故也。春秋时，晋范献子适鲁，名其二山，自以为不学。当献子时，鲁不复为二名讳，而献子自以为犯其讳，直所谓不学者也。《礼》曰：《诗》《书》临文，庙中皆不讳，此乃谓不讳见在之庙，不谓已毁者也。文王名昌，武王名发，成王时《颂》曰："克昌厥后，骏发尔私"。箕子为武王陈《洪范》曰："使羞其行，而邦其昌。"厉王名胡其子宣王时《诗》曰："胡不相畏，先祖于摧。"其孙幽王时《诗》曰："哀今之人，胡为虺蜴。"此则《诗》、《书》不讳明验也。按汉氏不名讳，常曰："臣妾不得以为名字。"其言事不讳，盖取诸此也。然则周礼其不讳时，则非唯《诗》《书》、临文、庙中，其余皆不讳矣。今可太祖以上去乃不讳，讳三祖以下尽亲如礼，唯《诗〉《书》、临文、庙中不讳。自此以后，虽百代如汉氏故事，臣妾唯不得以为名字，其言事不讳。所谓魏国于汉，礼有损益，质文随时，亦合尊之大义也。（《通典》一百四）

诸王国相宜为国王服斩缞议

尚书左丞王煛除陈相，未到国而王薨。议者或以为宜齐缞，或以为宜无服。王肃云：王国相，本王之丞相。案：汉景帝时贬为相，成帝时使理人。王则国家所以封，王相则国家使为王臣，但王不与理人之事耳。而云相专为理人，不纯臣于王，非其义也。今煛至许昌而闻王薨，姓名未通，恩纪未交，君臣未礼，不责人之所不能，于义未正服君臣之服。《传》曰："策名委质，贰乃辟也。"若夫未策名，未委质，不可以纯君臣之义也。礼，妇人入门，未三月庙见死，犹归葬于其党，不得以六礼既备，又以入室，遂成其妇礼也。则臣之未委质者，亦不得备其臣礼也。曾子问曰：“娶女有吉日而女死，如之何？”孔子曰：“婿齐缞而吊，既葬而除之，夫死亦如之。各以其服，如服斩缞，斩缞而吊之，既葬而除之也。”今煛为王相，未入国而王薨，义与女未入门夫死同。则煛宜服斩缞，既葬而除之，此礼之明文也。《礼》曰：“与诸侯为亲者服斩，虽有亲，为臣则服斩缞也。”臣为其君服之，或曰宜齐缞，不亦远于礼乎！（《通典》八十八）

王侯在丧袭爵议

魏尚书奏：以故汉献帝嫡孙杜氏乡侯刘康袭爵，假授使者拜授，康素服夺，情议。案《周礼》，天子公卿诸侯，吉服皆玄冕朱里，玄衣纁裳。有丧凶则变之，麻冕黼裳，邦君麻冕蚁裳。云麻冕者，则素冕麻不加采色，又变其裳，亦非纯吉，亦不纯凶。汉氏承秦，改六冕之制，以玄冠绛衣一服而已。有丧凶之事，则变吉服，以从简易。故诸王薨，遣使者拜嗣子为王，则玄冠缞绖，服素以承诏命，事讫然后反丧服。考之前典，则差《周书》；论之汉室，则合常制。王肃议：尊者临卑，不制缞麻，故为之素服。今康处三年丧，在缞绖之中，若因丧以命之，则无复素服。若以尊崇王命，则吉服以拜授。案《尚书》，康王受策命，吉服而受之。事毕，又以吉服出应门内，以命诸侯，皆出，然后王释冕服（“冕”下《通典》七十二有“反丧”二字）。故臣以为诸侯受天子之命，宜以吉服。又礼处三年之丧，而当除父兄之丧服，除服卒事，然后反丧服。则受天子命者，亦宜服其命服，使者出，反丧服，即位而哭，即合于礼，又合人情。诏从之。（《通典》七十二）

吊陈群母议

臣有父母之丧讣，君吊之。吊诸臣之母，当从夫爵。（《通典》八十三）

腊 议

季冬大傩，旁磔鸡，出土牛，以送寒气。即今之腊除逐疫，磔鸡、苇绞、桃梗之属。（《御览》三十三）

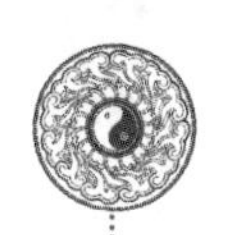

答尚书难

太和六年，尚书难王肃，以曾子问唯祫于太祖，群主皆从，而不言禘，知禘不合食。肃答曰："以为祫禘殷祭，群主皆合，举祫则禘可知也。"（《通典》四十九）

答刘氏弟子问

司徒广陵陈矫，字季弼，本刘氏，养于陈氏。及其薨，刘氏弟子疑所服，以问王肃。答曰："昔陈司徒丧母，诸儒陈其子无服，甚失礼矣。为外祖父母小功，此以异姓而有服者，岂不以母之所生，反重于父之所生，不亦左乎？为人后者，其妇为舅姑大功。妇他人也，犹为夫故父母降一等。祖至亲也，而可以无服乎？推妇降一等，则子孙宜依本亲而降一等。"（《通典》六十九）

答尚书访

景初中，明帝崩于建始殿，殡于九龙殿。尚书访曰："当以明皇帝谥告四祖，祝文于高皇称玄孙之子，云何？"王肃曰："礼称曾孙某，谓国家也。荀爽、郑玄说皆云：'天子诸侯事曾祖以上，皆称曾孙。'"又访："案，汉既葬，容衣还，儒者以为宜如文皇帝故事，以存时所服。"王肃曰："礼虽无容衣之制，今须容衣还而后虞祭，宜依尸服卒者上服之制。生时亵服，可随所存。至于制度，则不如礼。孔子曰祭之以礼，亦为此也。诸侯之上服，则今服也。天子不为命服，然亦所以命服之上也。案汉氏西京故事，月游衣冠，则容衣也。言冠以正服，不以亵衣也。"尚书又访："容衣还，群臣故当在帐中，常填卫见。"王肃曰："礼不墓祭，而汉氏正月上陵，神座在西序东向。百辟计吏前告郡之谷价，人之疾苦，欲先帝魂灵闻知。时蔡邕以为礼有烦而不可去，事亡如存。况今无填卫之禁，而合于如事存之意。可见于门内，拜讫入帐，临乃除服。"（《通典》七十九）

答武竺访

尚书郎武竺有同母异父昆弟之丧，以访王肃。肃据《子思》书曰："言氏之子达于礼乎？礼，父同居服周，则子宜大功也。"（《通典》九十一）

广平太守下教问张臻家（正始元年）

前在京都，闻张子明来至，问之。会其已亡，致痛惜之。此君笃学隐居，不与时竞，以道乐身。昔绛县老人屈在泥涂，赵孟升之，诸侯用睦。悯其耄勤好道，而不蒙荣宠。书到遣吏劳问其家，显题门户，务加殊异，以慰既往，以劝将来。（《魏志·管宁传》）

与广陵太守书

昔瓠巴鼓瑟，六马仰秣。（《书钞》一百九）

《孔子家语解》序

郑氏学行五十载矣。自肃成童，始志于学，而学郑氏学矣。然寻文责实，考其上下，义理不安，违错者多，是以夺而易之。世未明其款情，而谓其苟驳前师，以见异于人，乃慨然而叹曰："岂好难哉！予不得已也。"圣人之门，方壅不通，孔氏之路，枳棘充焉，岂得不开而辟之哉？若无由之者，亦非予之罪也。是以撰经礼申明其义，及朝论制度，皆据所见而言。孔子二十二世孙有孔猛者，家有其先人之书，昔相从学。顷还家，方取以来，与予所论，有若重规叠矩。昔仲尼曰："文王既没，文不在兹乎？天之将丧斯文也，后死者不得与于斯文也。天之未丧斯文，匡人其如予何？"言天丧斯文，故令已传斯文于天下。今或者天未欲乱斯文，故令从予学，而予从猛得斯论，已明相与孔氏之无违也。斯皆圣人实事之论，而恐其将绝，故特为解，以贻好事之君子。《语》云"牢曰：子云，吾不试，故艺"，谈者不知为谁，多妄为之说。《孔子家语》弟子有琴张，一名牢，字子开，亦字张，卫人也。宗鲁死，将往吊，孔子止焉。《春秋外传》曰："昔尧临民以五。"说者曰："尧五载一巡狩，五载一巡狩，不得称临民以五。"《经》曰"五载一巡狩"，此乃说舜之文，非说尧。孔子说论五帝，各道其异事，于舜云巡狩天下，五载一始，则尧之巡狩年数未明。周十二岁一巡，宁可言周临民以十二乎？孔子曰："尧以土德王天下，而色尚黄。"黄，土德，五，土之数，故曰临民以五。此其义也。（毛晋重刻北宋本《家语》）

宗庙颂

明德惟馨，昊天子之。眷佑我魏，薄言起之。起之伊何？黎元时雍。子之伊何？历数在躬。於乎盛哉！神明是通。（《初学记》十三）

湛湛甘露，济济醴泉。或涌于地，或降于天。天地交泰，品类蕃芜。祥瑞嘉应，其集如雨。屡获丰年，谷我士女。祖考既飨，於惟乐胥。（《初学记》十三）

贺正仪

元正首祚，璇（机）〔玑〕改度（“机”当作“玑”，据《初学记》卷四改。），伏称万寿。（《初学记》四）

纳征辞

玄纁束帛，俪皮雁羊。（《晋书·礼志》下）

家　诫

夫酒，所以行礼，养性命，欢乐也。过则为患，不可不慎。是故宾主百拜，终日饮酒而不得醉，先王所以备酒祸也。凡为主人饮客，使有酒色而已，无使至醉。若为人所强，必退席长跪，称父戒以辞之。敬仲辞君，而况于人乎？为客又不得唱造酒史也。若为人所属，下坐行酒，随其多少；犯令行罚，示有酒而已，无使多也。祸变之兴，常于此作，所宜深慎！（《艺文类聚》二十三）

参考文献

[1]（东汉）马融，周易马氏传，三卷，（清）马国翰，玉函山房辑佚书.

[2]（东汉）郑玄，周易郑氏注，十二卷，（南宋）王应麟辑，清丁杰后定，清张惠言订正，湖海楼丛书.

[3]（魏）王肃，周易王氏注，二卷，（清）马国翰，玉函山房辑佚书.

[4]（魏）王肃，王肃周易注，一卷，（清）孙堂，汉魏二十一家易注.

[5]（魏）王肃，王肃易注，一卷，（清）黄奭，汉学堂丛书.

[6]（汉）马融，（魏）王肃，马王易义，一卷，（清）臧庸，问经堂.

[7]（唐）李鼎祚，周易集解，上海：上海古籍出版社，1989.

[8]（唐）史徵，周易口诀义，北京：中华书局，1985.

[9]（宋）倪天隐，（宋）胡瑗，周易口义，长春：吉林出版集团有限责任公司,2005.

[10]（宋）程颐，易程传，世界书局出版，1986.

[11]（魏）王肃，孔子家语，上海：上海古籍出版社影印本，1990.

[12]（魏）王弼，（晋）韩康伯注，（唐）孔颖达疏，周易正义,上海：上海古籍出版社，1990.

[13]（宋）朱熹，周易本义,天津：天津古籍书店，1986.

[14]（西汉）司马迁，史记，北京：中华书局，2006.

[15]（东汉）班固，汉书，北京：中华书局，2007.

[16]（南朝宋）范晔，后汉书，北京：中华书局，2007.

[17]（西晋）陈寿，三国志,北京：中华书局，1959.

[18]（南朝宋）裴松之，三国志注，西安：陕西人民出版社，1995.

[19]（唐）房玄龄，晋书，上海：商务印书馆，1934.

[20]（南朝梁）萧子显，南齐书，台湾商务印书馆股份有限公司，2010.

[21]（北齐）魏收，魏书，长春：吉林人民出版社，1995.

[22] 王利器，郑康成年谱．济南：齐鲁书社，1983.

[23] 卢弼，三国志集解．北京：中华书局，1982.

[24]（清）侯康，补后汉书艺文志，上海：商务印书馆，1939.

[25]（宋）王尧臣等，崇文总目附补遗一至四册崇文总目附录，北京：中华书局 ,1985.

[26]（清）姚际恒，古今伪书考，北京：中华书局，1985.

[27] 张心澄，伪书通考，上海：上海书店出版社，1998.

[28]（东汉）王充，论衡，长沙：岳麓书社，1991.

[29]（清）陈澧，东塾读书记，上海：上海古籍出版社，2012.

[30]（清）纪昀，四库全书总目提要，石家庄：河北人民出版社，2000.

[31]（唐）陆德明，经典释文，上海：上海古籍出版社，1985.

[32]（清）臧琳撰，经义杂记，三十卷叙录一卷，武进臧氏拜经堂本，清嘉庆 4 年（1799）.

[33]（清）张惠言，易义别录，上海：上海书局，清光绪 14 年（1888）.

[34]（清）皮锡瑞，经学通论，上海：商务印书馆，1920.

[35]（清）皮锡瑞，经学历史，北京：中华书局，1959.

[36]（清）唐晏，两汉三国学案，北京：中华书局，1986.

[37]（清）孙星衍撰，周易集解，上海：上海书店出版社，1988.

[38]（清）李道平撰，潘雨廷点校，周易集解纂疏，北京：中华书局，1994.

[39]（清）焦循撰，李一忻点校，易通释，北京：九州出版社，2003.

[40]（清）王引之，经义述闻，上海：商务印书馆，1936.

[41]（清）朱彝尊，经义考，台北：台湾商务印书馆，1986.

[42]（清）俞樾，群经平议，杭州：浙江古籍出版社，2017.

[43] 马宗霍，中国经学史，上海：商务印书馆，1937.

[44]（清）江藩，汉学师承记，北京：商务印书馆，1983.

[45]（清）江藩，宋学渊源记，上海：上海书店出版社，1983.

[46]（清）洪颐煊，读书丛录，北京：中华书局，1985.

[47]（清）严可均，全上古三代秦汉三国六朝文，北京：中华书局 ,1958.

[48]（清）王先谦，皇清经解续编，济南：齐鲁书社 .2016.

[49] 钱穆，两汉经学今古文平议，北京：商务印书馆，2005.

[50] 崔应榴，吾亦庐稿，上海：上海书局清光绪 14 年（1888）.

[51] 陈寿祺，左海经辨，上海：上海书局清光绪 14 年（1888）.

[52] 周予同，经今古文学，上海：商务印书馆，1926.

[53] 蒙文通，经学抉原，上海：商务印书馆，1933.
[54] 钱基博，经学通志，北京：中华书局，1936.
[55] 李赓芸，李赓芸，北京：中华书局，1985.
[56] 姚配中，周易姚氏学，台北：广文书局，1971.
[57] 王仲荦，魏晋南北朝史，上海：上海人民出版社，1979.
[58] 楼宇烈，王弼集校释，北京：中华书局，1980.
[59] 李振兴，王肃之经学，台北：嘉新水泥公司文化基金会，1980.
[60] 尚秉和，周易尚氏学，北京：中华书局，1980.
[61] 朱维铮，周予同经学史论著选集，上海：上海人民出版社，1983.
[62] 蒋伯潜，十三经概论，上海：上海古籍出版社，1983.
[63] 马宗霍，中国经学史，上海：上海书店出版社，1984.
[64] 洪颐煊，读书丛录，北京：中华书局，1985.
[65] 史征，周易口诀义，北京：中华书局，1985.
[66] 惠栋，九经古义，北京：中华书局，1985.
[67] 朱伯崑，易学哲学史，北京：北京大学出版社，1986.
[68] 韩国磐，魏晋南北朝史纲，北京：人民出版社，1986.
[69] 刘汝霖，汉晋学术编年，北京：中华书局，1987.
[70] 黄寿祺，易学群书评议，北京：北京师范大学出版社，1988.
[71] 黄寿祺、张善文，周易研究论文集，北京：北京师范大学出版社，1989.
[72] 毛奇龄，仲氏易，上海：上海古籍出版社，1990.
[73] 张善文，周易入门，香港：学林书店出版社，1990.
[74] 廖名春等，周易研究史，长沙：湖南出版社，1991.
[75] 张善文，象数与义理，沈阳：辽宁教育出版社，1993.
[76] 张善文，历代易家与易学要籍，福州：福建人民出版社，1998.
[77] 庞朴，中国儒学（第二卷），上海：东方出版中心，1997.
[78] 钱穆，国学概论，北京：商务印书馆，1997.
[79] 王葆玹，今古文经学新论，北京：中国社会科学出版社，1997.
[80] 王元化主编，刘师培学术论著，杭州：浙江人民出版社，1998.
[81] 周予同，中国经学史讲义，上海：上海文艺出版社，1999.
[82] 王引之，经义述闻，南京：江苏古籍出版社，2000.
[83] 黄寿祺、张善文，周易译注，上海：上海古籍出版社，2002.

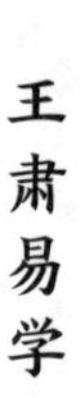

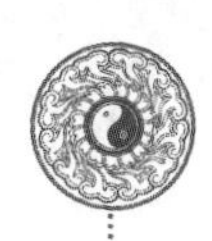

[84] 张善文，象数与义理，沈阳：辽宁教育出版社，1993.

[85] 孙筱，两汉经学与社会，北京：中国社会科学出版社，2002.

[86] 冯天瑜等，中国学术流变，上海：华东师范大学出版社，2003.

[87] 姜广辉，中国经学思想史，北京：中国社会科学出版社，2003.

[88] 田汉云，六朝经学与玄学，南京：南京出版社，2003.

[89] 侯外庐，中国思想史纲，上海：上海书店出版社，2004.

[90] 钱穆，中国学术思想史论丛，合肥：安徽教育出版社，2004.

[91] 张立文主编，向世陵著，中国学术通史（魏晋南北朝卷），北京：人民出版社，2004.

[92] 杨天宇，经学探研录，上海：上海古籍出版社，2004.

[93] 惠栋，周易述，北京：九州出版社，2005.

[94] 张涛，秦汉易学思想研究，北京：中华书局，2005.

[95] 蒋善国，《尚书综述》，上海：上海古籍出版社，1988.

[96] 乐胜奎，王肃易学刍议，周易研究，2002 年第四期 .

[97] 郝虹，王肃反郑是经今古文融合的继续，孔子研究，2003 年第三期 .

[98] 郝虹，王肃《周易注》、王弼《周易注》与荆州学派关系初探，大连大学学报，2003 年 2 月 .

[99] 乐胜奎，王肃礼学初探，孔子研究，2004 年第一期 .

[100] 任怀国，试论王肃的经学贡献，管子学刊，2005 年第一期 .

[101] 李俊岭 . 论马融，济南：山东大学，2004.

[102] 史应勇 . 郑玄通学研究及郑王之争，成都：四川大学，2004.

[103] 宋锡同 . 王弼易学思想初探，保定：河北大学，2004.